Artificial Intelligence's
Impact on Legal Journals

Artificial Intelligence's Impact on Legal Journals

Challenges and Opportunities for the Ottawa Law Review

Edited by Yan Campagnolo

Authors
Leonie van Haeren, Shaarini Ravitharan,
Emma Murray, and Ephraim Barrera

Ottawa Law Review
University of Ottawa Press

2025

Les **Presses** de l'Université d'Ottawa
University of Ottawa **Press**

Les Presses de l'Université d'Ottawa / University of Ottawa Press (PUO-UOP) is North America's flagship bilingual university press, affiliated to one of Canada's top research universities. PUO-UOP enriches the intellectual and cultural discourse of our increasingly knowledge-based and globalized world with peer-reviewed, award-winning books.

www.Press.uOttawa.ca

Library and Archives Canada Cataloguing in Publication

Title: Artificial intelligence's impact on legal journals : challenges and opportunities for the Ottawa Law Review / edited by Yan Campagnolo = Incidence de l'intelligence artificielle sur les revues de droit : défis et possibilités pour la Revue de droit d'Ottawa / sous la direction de Yan Campagnolo.

Other titles: Incidence de l'intelligence artificielle sur les revues de droit | Container of (work): Incidence de l'intelligence artificielle sur les revues de droit. | Container of (expression): Incidence de l'intelligence artificielle sur les revues de droit. English.

Names: Campagnolo, Yan, editor

Description: Series statement: Law, technology, and media | Includes bibliographical references. | Text in English and French.

Identifiers: Canadiana (print) 2025012839XE | Canadiana (ebook) 20250128594E | ISBN 9780776645247 (softcover) | ISBN 9780776645285 (PDF)

Subjects: LCSH: Scholarly periodicals—Publishing—Technological innovations. | LCSH: Research—Data

processing. | LCSH: Artificial intelligence. | LCSH: Law—Periodicals. | LCSH: Law reviews—Canada. | LCSH: Scholarly publishing.

Classification: LCC Z286.S37 C36 2025 | DDC 070.5/94028563—dc23

Legal Deposit: First Quarter 2025
Library and Archives Canada

Production Team

Copy-editing	Ottawa Law Review
Proofreading	Desmond Fisher, Marie Rodrigue, and Valérie Leclercq
Typesetting, Cover design	Benoit Deneault
Cover Image:	AI generated painting, Benoit Deneault

uOttawa

The University of Ottawa Press gratefully acknowledges the support extended to its publishing list by the Government of Canada, the Canada Council for the Arts, the Ontario Arts Council, and by the University of Ottawa.

ABOUT THE OTTAWA LAW REVIEW

The Ottawa Law Review (OLR) is a bilingual and peer-reviewed academic journal published by the students of the Common Law Section at the University of Ottawa's Faculty of Law. Student editors manage all editorial and operational aspects of the journal with guidance from faculty advisors.

Since its founding in 1966, the OLR has been committed to the highest standards of quality and excellence. The OLR is an innovative medium for the advancement of legal scholarship, a first-rate source of research for the legal profession, and a forum for law students to develop their legal skills.

The OLR's Editorial Board promotes a diversity of opinion on current and relevant legal issues by publishing articles from jurists, practitioners, and academics. It also publishes interviews with distinguished members of the legal profession, case comments, and book reviews. The OLR's stellar reputation has resulted in its articles being cited multiple times by a number of Canadian courts, including the Supreme Court of Canada.*

Abstract

This report provides an overview of the opportunities and challenges presented by the use of artificial intelligence (AI) and its impact on legal journals, including the Ottawa Law Review (OLR). Throughout the publication lifecycle of a given piece, AI tools may play a pivotal role in enhancing the editorial and publishing processes. Similarly, authors submitting to legal journals may also leverage AI tools for purposes that range from improving readability to generating content. While the potential benefits are significant, the use of such tools raises various issues pertaining to the accuracy and quality of publications, as well as broader ethical and legal issues. Journals—both legal and non-legal—have responded to these opportunities and challenges at different speeds and in different ways. Some journals in non-legal disciplines have developed extensive AI policies, while the majority of legal journals—particularly in Canada—appear to be falling behind in this regard.

This report contains several recommendations that will empower the OLR to embrace the transformative potential of AI responsibly while maintaining its commitment to safeguarding privacy, intellectual property, and scholarly rigour. Central to this endeavour is the adoption of three AI policies: one covering the use of generative AI and AI-assisted technologies in submissions, another addressing AI usage in the peer review process, and a final one relating to the editorial team.

This report ultimately aspires to ensure the OLR upholds its reputation as a reliable contributor to legal scholarship by guiding the organization through this new technological revolution.

Table of Contents

1 Introduction 1

  1.1 AI and Generative AI 3

  1.2 Increasing Role of AI in Legal Scholarship 4

  1.3 Importance of Understanding AI's Impact on Legal Journals 5

  1.4 Objectives of the Report...6

2 How Journals Are Responding to AI 7

  2.1 Legal Journals 9

  2.2 Non-Legal Journals...10

3 Challenges 13

  3.1 Accuracy and Quality Considerations.................................15

    3.1.1 Bias and Fairness in AI Algorithms 15

    3.1.2 Hallucination of Facts and Sources............................16

    3.1.3 Transparency 17

  3.2 Legal Issues...18

    3.2.1 Privacy Concerns 18

    3.2.2 Intellectual Property Implications.............................18

4 Opportunities 21

  4.1 Legal Journals Using AI Tools Internally.............................23

    4.1.1 Review Process...23

      4.1.1.1 Reviewing Submissions.................................24

      4.1.1.2 Detecting the Use of AI 25

    4.1.2 Editorial Process...25

      4.1.2.1 Editing Footnotes.......................................25

      4.1.2.2 Editing Article Text for Syntax or Grammar 26

    4.1.3 Publishing Process 26

  4.2 External Parties Using AI Tools...27

    4.2.1 Literature Review, Drafting, and Analysis....................27

    4.2.2 AI Legal Writing Tools...29

5 Recommendations 31

   5.1   Internal Use of AI Tools...33

         5.1.1 Review Process 33

         5.1.2 Modernizing the Editorial Process.............................33

         5.1.3 Translation Services 34

         5.1.4 Monitoring Legal Developments.............................34

         5.1.5 Develop OLR AI Tool...35

   5.2   External Use of AI Tools 36

         5.2.1 Authors...36

         5.2.2 Peer Reviewers..36

6 Conclusion 37

7 Appendices 39

   Appendix A: Policy on the Use of Generative AI in the OLR
Submission Process 43

   Appendix B: Policy Prohibiting the Use of AI in the OLR Peer
Review Process 44

   Appendix C: Policy on the Use of AI in the OLR Editing Process 44

8 References 45

9 Acknowledgements... 49

1

INTRODUCTION

1.1 AI and Generative AI

Artificial intelligence (AI) is a broad term that refers to "any machine-based system that can make predictions, recommendations or decisions."[1] There are many uses for AI in the practice of law, including "spam filters, spellchecks, search terms in electronic research and automated document generation."[2]

Generative AI, as the name suggests, is a subset of AI that *generates* content—including text, image, audio, and video—based on the system's training data and in response to prompts that the user inputs.[3] There are two different types of generative AI models: probabilistic and deterministic.

Probabilistic models of generative AI, such as OpenAI's ChatGPT or Google's Gemini, use the model's data set to infer an output based on a given prompt.[4] This approach is similar in concept to the predictive text function on most smartphones—it predicts your writing based on past behaviour. Issues of bias, accuracy, and reliability associated with generative AI mostly arise from these types of models, where the model's ability to infer is imperfect and unpredictable.[5]

Deterministic generative AI models "provide specific answers to specific questions."[6] An example of this approach would be employing a database to search for specific legal cases, principles, or articles, where the goal of the software is to provide an accurate response and remove inaccurate content.[7]

Both models of generative AI are used in the context of legal scholarship, and they will be discussed throughout this report.

1.2 Increasing Role of AI in Legal Scholarship

AI is poised to transform the legal landscape as we know it. This change can be seen at all levels of the profession. From law students to well-established legal professionals, AI tools are increasingly being used to conduct legal research and analyses, draft texts, review and summarize documents, and facilitate practice management. Despite the efficiency gains these tools offer in a fast-paced profession, questions linger about the inner workings of AI algorithms and the implications of AI-generated content.

> For the OLR, this adaptation means harnessing the opportunities presented by AI use, while maintaining its commitment to safeguarding privacy, intellectual property, and scholarly rigour.

In response, various institutions, including courts, law societies, and post-secondary institutions, have been developing policies to regulate the permissible extent of generative AI usage. For example, Canada's Federal Court now requires parties in legal proceedings to declare whether AI was used to generate content in their submissions.[8] The Federal Court further stated that it will refrain from using AI in decision-making processes without prior public consultation.[9] Similarly, many post-secondary institutions have formulated guidelines for students' use of AI.[10] Additionally, several Canadian law societies have developed practice resources to help lawyers reflect on the use of generative AI tools in their legal practice.[11]

One notable area where AI's integration remains largely unaddressed is within the realm of legal scholarship. Despite the common usage of AI in legal practice and academia, legal journals—integral vehicles for the dissemination of legal scholarship—have yet to catch up with its evolving usage. The vast majority of legal journals, both domestically and internationally, lack explicit guidelines on the internal or external use of AI. This uncertainty surrounding AI's role in legal journals poses potential risks to the quality, integrity, and reliability of legal scholarship. As a result, a nuanced understanding of generative AI's influence on legal journals is essential to responding appropriately to these risks.

1.3 Importance of Understanding AI's Impact on Legal Journals

Recognizing the opportunities and challenges presented by AI enables legal scholars, practitioners, and journals to adapt their approaches. For the OLR, this adaptation means harnessing the opportunities presented by AI use while maintaining its commitment to safeguarding privacy, intellectual property, and scholarly rigour. Striking this balance would ensure that the OLR not only remains at the forefront of technological advancements, but also continues to serve as a trustworthy platform for insightful and ethically sound legal scholarship.

1.4   Objectives of the Report

The primary objective of this report is to examine the opportunities and challenges presented by the use of AI and its influence on legal journals. The report seeks to equip the OLR with the insights to anticipate the implications of these advancements for its operations. Informed by the identified opportunities and challenges, this report offers several recommendations regarding AI usage that the OLR could implement, most notably AI policies. This will ensure the OLR is well prepared to navigate and harness the transformative potential of AI in all aspects of legal scholarship. Finally, this report aims to significantly contribute to the ongoing dialogue about AI in legal scholarship.

HOW JOURNALS ARE RESPONDING TO AI

To formulate the OLR's stance and strategy regarding the use of AI, the OLR established an AI Research and Working Group to conduct an extensive review of the practices of both legal and non-legal journals and examine their respective AI policies, where available. This comprehensive environmental survey aims to provide insights and identify best practices from existing strategies so as to facilitate the development of a well-informed approach for the OLR.

2.1   Legal Journals

At the time of writing, no legal journals in Canada, with the exception of those published by the University of Toronto Press (UTP), have policies or offer guidelines regarding the use of AI. The UTP publishes an array of journals, including several legal journals, which are subject to the UTP's policies on AI tools. The legal journals that are subject to these policies include the University of Toronto Law Journal, the Canadian Journal of Criminology and Criminal Justice, and the Canadian Journal of Women and Law.[12] Importantly, the UTP has stated that an AI tool does not meet its definition of authorship and "may not be listed as an author on any scholarly work published by UTP."[13] Authors publishing through the UTP are further required to disclose whether they have used AI tools as part of their research process and, if so, to provide a description of how these tools were used.[14]

At the time of writing, no legal journals in Canada, with the exception of those published by the University of Toronto Press, have policies or offer guidelines regarding the use of AI.

Similar to their Canadian counterparts, international legal journals themselves do not appear at the moment to have policies regarding the use of AI. Instead, these policies are typically established by their publishers. For example, Cambridge University Press, which publishes the European Constitutional Law Review, and Sage, which publishes the Maastricht Journal of European and Comparative Law, have implemented AI policies similar to those of the UTP. Cambridge University Press and Sage require authors to declare and explain how AI was used. They further state that the use of AI must not breach their respective plagiarism policies and that authors are responsible for the accuracy of their research, including any AI outputs relied upon in their work.[15] Other legal journals and publishers, such as the European Journal of International Law and Wiley, require their authors to observe high standards of publication ethics, as established by the Committee on Publication Ethics (COPE).[16]

2.2   Non-Legal Journals

Journals in the humanities, social sciences, and natural sciences have taken comparable policy approaches to generative AI. Notably, the COPE released an AI position statement in February 2023 that has been adopted by journal collections including the World Association of Medical Editors, the Journal of the American Medical Association (JAMA) Network, Oxford University Press, Wiley, and the American Psychological Association (APA). These collections represent thousands of journals covering the social sciences, humanities, and natural sciences. Such broad adoption suggests the emergence of certain generative AI policy guidelines respecting authors, four of which are listed below.

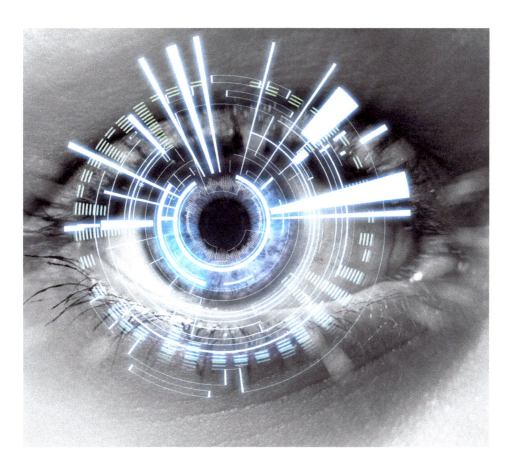

1. Several non-legal journals have barred AI from authorship. The COPE statement, for instance, argues that AI tools cannot meet the requirements for authorship because they are non-legal entities that cannot take responsibility for submissions or manage intellectual property agreements. Non-legal journals published by Springer, Sage, and Taylor & Francis have also prohibited AI authorship.

2. Many policies compel authors to disclose their use of AI. The COPE statement requires the disclosure of the kind of AI tools used—and how they were used—in a "Materials and Methods" or other similar section of a given submission. Similarly, the publishers Elsevier and Cambridge University Press require declarations in the manuscript's "Acknowledgements" or similar section. In addition, the APA requires that authors upload the full AI output as supplemental material to their submission to ensure transparency.

3. Some policies have tiered disclosure requirements based on the level of AI contribution to a submission. The European Journal of Analytical Philosophy delineates three AI contribution levels with increasing disclosure requirements: negligible, modest, and substantial. Others have suggested five levels of AI contribution: negligible, minor, modest, major, and essential.

4. A few journals require disclosing potential biases arising from the AI models used. The Canadian Journal of Philosophy, for instance, requires declaring any relevant competing interests or potential bias that may arise from an AI algorithm.

Some medical journals, including JAMA, the British Medical Journal, and the International Committee of Medical Journal Editors, of which the Canadian Medical Association Journal is a member, have also issued guidelines for AI use by peer reviewers. Those policies can be summarized as three trends:[17]

1. Peer reviewers are not permitted to upload manuscripts to AI software if confidentiality cannot be guaranteed.

2. If confidentiality can be guaranteed, peer reviewers must disclose their use of AI and its nature.

3. Peer reviewers are ultimately responsible for ensuring that the content of their review is correct, complete, and unbiased.

CHALLENGES

The integration of AI in legal scholarship raises several concerns about the accuracy and quality of the output of AI tools, as well as privacy and intellectual property issues. For a legal journal, having a thorough understanding of these issues and their implications is crucial to ensuring that they are properly accounted for prior to integrating AI tools in internal processes or permitting external use.

3.1 Accuracy and Quality Considerations

Our research revealed three primary accuracy and quality challenges posed by generative AI and its use in scholarship: (1) bias and fairness in AI algorithms, (2) the hallucination of facts and sources, and (3) the transparency of AI use in submissions.

3.1.1 Bias and Fairness in AI Algorithms

One way to employ AI in legal scholarship is by using a chatbot such as ChatGPT or Gemini to conduct research. In its early iterations, generative AI primarily "carried out tasks according to a set of established rules."[18] Today's probabilistic generative AI models, however, rely on complex algorithms and large quantities of data to generate responses to user queries. As a result, the accuracy and validity of responses depend on the data utilized and the algorithm followed, as these are the basis for the model's deduction of the "appropriate answer."[19]

Thus, if the data contain biases or stereotypes, they will be "reflected in the responses provided" by the software.[20] Algorithms operate according to pattern recognition and "some intelligence that manipulates data resulting in an outcome."[21] Recent studies have shown that through their design, "algorithms can systematically introduce inadvertent bias, reinforce historical discrimination, filter out information, or reinforce outdated practices or failures from the past."[22]

In a study on the sources of data used by generative AI, journalists from the Washington Post collaborated with researchers at the Allen Institute for AI to analyze Google's C4 dataset.[23] They found that, under the umbrella of news and media, the third-largest category of data, a significant portion of the dataset was derived from Wikipedia, as well as several outlets that "rank low on NewsGuard's independent scale for trustworthiness."[24]

This potential for bias and unfairness poses a substantial ethical risk to legal journals. Authors who rely solely on AI algorithms to produce research and draft submissions risk spreading misinformation and producing poor quality scholarship, which in turn undermines the quality, credibility, and integrity of a journal.

3.1.2 Hallucination of Facts and Sources

Unlike humans, chatbots are not trained to assess the quality and credibility of the content they produce. ChatGPT and other chatbots have also been known to "hallucinate" information and sources.[25] For example, in a 10-page brief submitted to a United States District Court in New York, ChatGPT fabricated three court decisions that resembled the facts and the argument being made to the court.[26] A similar instance occurred in a case before the British Columbia Supreme Court in January 2024, where a lawyer referenced "invented" cases in their application for an order permitting the applicant's children to travel to China for a visit.[27] If this error had not been caught, the British Columbia Supreme Court's decision could have been swayed by the hallucinated cases. This underscores the importance of human oversight to avert potentially detrimental outcomes of using generative AI tools such as ChatGPT in legal proceedings.

In a 2024 study specific to the legal field, hallucinations were alarmingly prevalent—"occurring between 58% … and 88% … of the time"—when the software was asked questions about existing case law.[28] Furthermore, it found that generative AI language models would "provide seemingly genuine answers to legal questions whose premises are false by construction" and that they cannot recognize when they are hallucinating "legal falsehoods."[29]

In a 2024 study specific to the legal field, hallucinations were alarmingly prevalent — 'occurring between 58% … and 88% … of the time' — when the software was asked questions about existing case law.

Another team of researchers found that "the chatbots persistently invented information" when they were asked to summarize news articles and that hallucination rates became higher when the chatbots were asked to perform tasks "beyond mere summarization."[30] In response, several guidelines on the use of AI require authors to ensure "human oversight and control" when using generative AI, largely because "AI can generate authoritative-sounding output that can be incorrect, incomplete or biased."[31]

It is important to note that the degree to which generative AI systems hallucinate depends on which large language model (LLM) is used and for what purpose. In the context of legal research, for instance, a general purpose LLM-empowered chatbot (such as ChatGPT or Gemini) may hallucinate more than a generative AI tool specifically designed for the legal services context (such as Lexis+ AI or Thomson Reuters' CoCounsel),[32] as they use different techniques and have access to different sets of data. As these new technologies develop and evolve to address these challenges, the OLR will need to take a flexible approach to evaluating the merits of each tool.

3.1.3 Transparency

While the risk of hallucinations may be mitigated to some extent by using generative AI tools specifically tailored to the legal industry, as discussed below in section 4.2.1, it cannot be eliminated completely. As a result, transparency from authors about the extent to which they employed generative AI technologies in their submissions would help the OLR maintain the accuracy and integrity of its publications.

As discussed in section 2.2, many non-legal journals have addressed the transparency issue by requiring disclosure of AI use in their respective policies. Some policies require authors to disclose the specific AI tools used and how they were used in their methodology section, while others go as far as requiring authors to upload the full AI output as supplemental material. The OLR should develop a similar policy to ensure authors are fully transparent about what AI tools were used, in what manner, and what steps were taken to verify the accuracy of the AI output.

3.2 Legal Issues

3.2.1 Privacy Concerns

Generative AI raises several privacy concerns that legal journals such as the OLR should consider. To generate convincing language outputs, AI models require "training" on large datasets that may include significant amounts of sensitive and personal information.[33] Obtaining this data often involves mass online "data scraping", a process that may collect information such as facial images and health data.[34] This data gathering method raises the concern that legal journals could receive sensitive and personal information from the outputs of AI tools. Conversely, if legal journals themselves feed journal submissions into AI tools as part of the review process, they could breach their confidentiality policies.

The Office of the Privacy Commissioner of Canada (OPC) has recognized that data scraping raises concerns about cyber-attacks, identity fraud, profiling, surveillance, and unwanted political or intelligence gathering.[35] Moreover, the personal information of vulnerable groups, such as children, could also be scraped to train AI models. The OPC has launched a joint investigation with provincial information and privacy authorities into complaints against OpenAI for breaching privacy and data laws. At the time of writing, the investigation is ongoing.[36]

3.2.2 Intellectual Property Implications

Generative AI also raises IP implications, specifically copyright concerns, regarding both AI inputs and outputs. The issue at the input stage arises when AI models unlawfully copy works while integrating them into their datasets during "training." The issue at the output stage occurs when AI violates copyright laws by generating content that resembles protected works. Thus, the primary concern for legal journals is that authors may use AI tools that generate language outputs that violate the Canadian copyright regime. Third parties might also be able to gain unauthorized access to confidential unpublished journal submissions if an editor or peer reviewer were to upload the submission to an AI tool. Furthermore, AI tools may be copying OLR publications and generating output that resembles these proprietary manuscripts.

In 2023 the Government of Canada launched a public consultation on copyright and generative AI with a view to potential amendments to the *Copyright Act*.[37] The consultation focused on "the use of copyright-protected works in the training of AI systems; authorship and ownership rights related to AI-generated content; and liability, especially when AI-generated content could infringe existing copyright-protected works."[38] At the time of writing, the consultation is closed, and the detailed submissions are not yet public. AI-related amendments to Canada's copyright regime may affect the OLR's AI-related policies. The OLR should continue to monitor AI-related amendments to the *Copyright Act* as well as the OPC's investigations in order to ensure that it is not using or permitting the use of AI tools in breach of applicable privacy and data laws.

OPPORTUNITIES

Legal journals such as the OLR may integrate the use of AI internally in several ways to improve and streamline their review, editorial, and publishing processes. Further, external parties, such as authors and peer reviewers, may find avenues to incorporate AI in their work.

To better situate the available opportunities, a brief overview of the OLR's workflow is necessary. During the submission process, the OLR invites authors to submit their work. Once the call for submissions closes, the OLR's Editorial Board reviews the submissions internally. At this stage, the Editorial Board decides which submissions should be sent to peer reviewers.

The selected submissions are assessed by two to four peer reviewers—legal scholars or practitioners—who are experts in the subject area of the submission. The peer reviews help the Editorial Board decide which submissions should be selected for publication.

Once selected for publication, the editorial process commences with assistant editors retrieving all sources cited in a submission and confirming it is accurately referenced. The article then proceeds to associate editors and senior editors who, through multiple layers of editing, make text and footnote edits when required. Finally, the editors-in-chief conduct a final review of all the edits and collaborate with the author to prepare a final typeset of the submission for publication.

The opportunities discussed below are potential avenues for integrating AI tools into a legal journal's review, editing, and publication processes. The OLR should not necessarily adopt all these options, as explained below, in section 5 of this report.

4.1   Legal Journals Using AI Tools Internally

4.1.1   Review Process

Legal journals review submissions as part of their due diligence to ensure that their publications are of high quality and are accurate. As explained above, at the OLR, this review is done both internally through the editors' submission selection process and externally through peer review.

4.1.1.1 Reviewing Submissions

Legal journals could integrate AI tools to assist with their internal submission review process. For example, one of the OLR's primary considerations when selecting which submissions should be sent to peer reviewers is whether a submission offers a novel idea and whether it builds on existing literature. That said, if AI tools were used for this purpose, human oversight would still be required to ensure high-quality, original submissions are selected.

When it comes to assessing whether the submission engages with existing literature, legal research software, such as ScholarSift, could be used to review articles and offer comprehensive analytics regarding the cited authors, articles, journals, and research areas. For example, such software can identify the areas of the law discussed in the submission, prepare a list of authors cited, and generate statistics on the cited sources. A unique benefit of legal research software is that it can offer a comprehensive review of all existing literature in the subject area, far beyond what an individual peer reviewer can do.

There are, however, drawbacks to employing such tools, particularly with regard to biases. As discussed earlier, the insight that an AI tool offers wholly depends on the dataset used in its training, which could consequently affect its assessment of a submission. ScholarSift is a US-based program and is most proficient in offering assessments based on American sources. Canadian legal journals that generally publish articles on the Canadian legal system, such as the OLR, likely could not solely rely on this tool for its internal review process to identify relevant missing sources from its submissions. Currently, no Canadian software offers functions equivalent to ScholarSift's.

> AI tools do not offer the same critiques and focused analysis that a peer reviewer—with years of knowledge and experience—typically does.

Further, AI tools do not offer the same critiques and focused analysis that a peer reviewer—with years of knowledge and experience—typically does.

4.1.1.2 Detecting the Use of AI

Various companies are also marketing AI-detection tools, such as Turnitin or GPTZero, with claims that they can detect AI-generated content. Turnitin, for instance, introduced a new AI-detection feature in April 2023, claiming its AI-detection capabilities with 98% confidence.[39] A study conducted by the Washington Post assessed the accuracy of Turnitin's AI-detection tool using 16 samples of AI-written passages and mixed-source essays.[40] Only 6 of the 16 samples were correctly identified.[41]

As a result of Turnitin's poor performance in AI detection, post-secondary institutions have advocated against using AI-detection software because of lack of clarity about its accuracy, biases, transparency, and reporting procedures.[42] One of the main challenges of detecting AI is that the source material simply does not exist. Accordingly, these systems can only show which passages they suspect are AI-generated, but have nothing concrete to check against.[43] Because these tools are not very accurate and their results cannot be verified with any certainty, it is inadvisable for legal journals to rely on them to detect whether authors used generative AI in producing their submissions.

4.1.2 Editorial Process

Legal journals may further choose to use AI tools for a series of internal functions to increase the efficiency of the editorial process, including editing the text and footnotes of submissions.

4.1.2.1 Editing Footnotes

Each legal journal has specific requirements for formatting footnotes. The OLR, for example, currently requires footnotes to adhere to the 10th edition of the *Canadian Guide to Uniform Legal Citation* (also known as the "*McGill Guide*"), as

well as the OLR's *Style Guide*.[44] Editors may rely on computer tools, such as Legal Citations Assistant or Zotero, to verify whether a footnote complies with the legal journal's requirements. However, Legal Citations Assistant and Zotero have not yet been updated to match the 10th edition of the *McGill Guide* and continue to require human oversight to ensure correct citations.

4.1.2.2 Editing Article Text for Syntax or Grammar

One approach to integrating AI tools into the editorial process involves editors using AI tools to assess whether a sentence is written in the active voice. Editors, for instance, could use AI tools, such as ChatGPT, Grammarly, or Antidote, to assess whether individual sentences are written in the active voice or contain any grammatical or syntactic problems. Privacy and intellectual property concerns, as discussed earlier, may determine to what extent the use of such AI tools is appropriate. Additionally, while relying on AI tools, editors must not overturn the author's stylistic choices.

4.1.3 Publishing Process

Another aspect of generative AI that could help legal journals is the translation functions that many AI tools offer. As a bilingual journal, the OLR makes a point of disseminating legal research in both French and English. One way it fulfills this goal is by publishing each article's abstract in both those languages.

Currently, the OLR works with third-party contractors to translate abstracts, which are subject to approval by the editors-in-chief; the same result, however, could be achieved by using AI tools. Although the output would still require human oversight and verification, this opportunity could improve the OLR's efficiency in terms of both time and cost. Using AI translation tools would be a feasible undertaking, as the OLR's abstracts are fewer than 250 words and fixing translation errors would not be cumbersome. However, for translations of longer texts, continuing to work with the OLR's current contractors would be advisable, as the editors-in-chief would likely spend too much time revising them.

4.2 External Parties Using AI Tools

There are several opportunities for external parties, including authors and peer reviewers, to employ AI tools to improve the quality and efficiency of their work. Authors may use generative AI tools in various ways to assist with research, drafting, and analysis to enhance the efficiency and comprehensiveness of their work. Similarly, peer reviewers may turn to generative AI tools to assist with evaluating a submission.

4.2.1 Literature Review, Drafting, and Analysis

For authors, generative AI can improve information retrieval in the early stages of legal research. Generative AI tools have the potential to help authors "to assimilate and analyze a large literature base" and even "transcribe, translate, and extract quotes from interviews."[45] One of the main challenges, however, is the extent to which these tools can do this accurately.

An example of an AI-based case analysis tool in the legal scholarship field is Jurisage. This tool is a free browser extension that scans a webpage for legal citations and provides an AI-generated summary of the case, suggested legal topics, and a breakdown of the facts, issues, legal principle or rule, analysis, and conclusions for the case. Users can also benefit from a feature of the extension to review more information and insights. Through this feature, they will be brought to the Jurisage website to view additional data such as case citations over time and similar cases by content or by supporting authority. This tool analyzes the text on the webpage and therefore functions with the user's preferred legal research sites, including CanLII, Westlaw, and LexisNexis.

Several legal databases have also started to deploy their own generative AI software to help legal professionals conduct research. These databases are incorporating elements of the probabilistic and deterministic models of AI. For instance, LexisNexis has recently developed Lexis+ AI, which is a generative AI chatbot with the capacity to search the Lexis+ database and refine answers in a conversational format. It can also draft legal documents, analyses, and client communications; summarize case law from the Lexis+ database; and analyze legal documents and arguments.

Similarly, Thomson Reuters has rolled out several new AI technologies to help legal professionals carry out research and other tasks. Westlaw Precision and CoCounsel, for example, are generative AI tools that enable users to ask questions and obtain answers about case law and other documents derived from Westlaw's legal content. Another Thomson Reuters AI tool, Ask Practical Law AI, is a generative AI chatbot with various capabilities, including the ability to provide answers to users on various legal topics and to support the drafting and editing of documents.[46] Thomson Reuters is also collaborating with Microsoft on their Copilot, a generative AI chatbot based on OpenAI's ChatGPT that is integrated into the Microsoft suite of applications. Copilot will soon be able to generate output using Westlaw's database and content.[47]

CanLII is also in the process of developing a generative AI tool for their platform with Lexum AI that will summarize case law and legislation.[48] This project was piloted in Saskatchewan and will expand to Manitoba and Prince Edward Island in 2024.

It is important to note that generative AI is novel and constantly evolving. As discussed earlier in this report, the hallucination of source material, including case law, is a common problem with generative AI. Because the AI tools discussed above derive their output from their respective legal database, hallucinations are less likely to occur when they are used for legal research. However, it remains to be seen how reliable generative AI will be for legal research. Should these tools prove reliable, integrating generative AI into legal research, analysis, and drafting has the potential to greatly enhance the efficiency of legal scholars and the quality of their submissions.

4.2.2 AI Legal Writing Tools

Some AI tools, while not considered generative AI, can also support authors and peer reviewers throughout the writing and editing process. Programs such as Zotero, Slick Write, PaperRater, Grammarly, and Antidote edit submissions for spelling, grammar, and plagiarism. These programs can also recommend edits to authors as they draft their submissions and propose corrections to editors as they review the submissions. In addition, software such as Legal Citations Assistant and Zotero can suggest citation formatting based on the sources that authors reference.

RECOMMENDATIONS

In embracing the transformative potential of AI, the OLR endeavours to strategically integrate AI into its internal processes while maintaining its commitments to privacy, intellectual property, and scholarly rigour. The identified opportunities would help the OLR increase the journal's efficiency while keeping authors' work confidential. All opportunities for integrating the use of AI would continue to involve the oversight of the OLR's team of editors.

5.1   Internal Use of AI Tools

5.1.1   Review Process

Although AI may play a role in reviewing and evaluating submissions in the future, it is recommended that the OLR not use legal research tools such as ScholarSift at this time. The OLR should also not use any AI-detection tools to determine whether an author may have included AI-generated content owing to these tools' inherent flaws. It is recommended, however, that the OLR continue to monitor developments in AI tools that are relevant to Canadian legal journals and adapt its internal processes as needed.

5.1.2   Modernizing the Editorial Process

The OLR should continue to allow editors to use automated citation generators. Yet there is no reliable citation generator that adheres to the 10th edition of the *McGill Guide* at this time. As a result, editors should be very cautious when using citation generators and manually review all output to ensure accurate citations.

In addition, it is recommended that the OLR develop a policy on the use of AI editing tools in limited circumstances.[49] For example, when a sentence needs editing, editors should be permitted to use an AI editing tool to evaluate its structure, grammar, or syntax on a piecemeal basis. However, this practice should be the exception rather than the norm and be exercised with caution. It is paramount that privacy and intellectual property considerations guide the extent of the use of such tools and that editors respect an author's stylistic preferences.

> The identified opportunities would help the OLR increase the journal's efficiency while keeping authors' work confidential.

In both instances—where editors use automated citation generators and editing tools—the editors should remain solely responsible for ensuring the accuracy of citation and text edits.

To ensure OLR editors are using tools in appropriate ways, it is further recommended that an AI component be added to the mandatory training that OLR editors take at the start of each academic term. Moreover, to make the OLR editing process more efficient, the OLR should explore the use of Scholastica, or other project management tools, in its future editing cycles.

5.1.3   Translation Services

As a bilingual journal, the OLR publishes abstracts of each published paper in French and English. This service is currently outsourced. It is recommended that the OLR explore which generative AI tools best translate short passages, while noting that the translated text will need to be reviewed for accuracy by a bilingual senior editor. Implementing this recommendation to use a generative AI tool for translation services should improve the OLR's efficiency, as regards both the time and costs translation requires.

5.1.4   Monitoring Legal Developments

The OLR should continue to monitor the OPC's investigations and government privacy regulations relating to generative AI. Additionally, until the state of copyright law is clarified, the OLR should continue to monitor copyright reform proposals pertaining to AI. It is strongly recommended that any significant developments be reflected in all of the OLR's AI-related policies.

5.1.5 Develop OLR AI Tool

The OLR should explore developing its own AI-driven citation generator tool that adheres to the latest edition of the *McGill Guide* and the OLR's *Style Guide*. Such a tool could enhance the OLR's understanding of the interaction between AI and legal scholarship, increase efficiency at the journal, and provide the OLR with the potential to contribute to Canadian legal scholarship. It is further recommended that, as part of this exploration, the OLR's Editorial Board identify any potential partners who may be interested in collaborating on the development of such a tool.

5.2 External Use of AI Tools

5.2.1 Authors

Authors may use various AI tools in researching, writing, and editing their submissions. However, it is recommended that the OLR place the onus on the author to verify the accuracy of the submitted work, including output from AI tools.

It is recommended that the OLR adopt an AI policy to guide authors seeking to submit pieces for publication in the journal.[50] Considering the importance of AI, a complete ban on its usage for submissions seems unrealistic. Furthermore, because AI-detection software performs so poorly, there is no way to effectively enforce such a ban. However, it is imperative that clear guidelines, such as prohibiting AI from being listed as an author and requiring human oversight, be set. The policy should also contain specific disclosure requirements and clarify that the author remains squarely responsible for maintaining the accuracy, integrity, and originality of the work. Finally, this policy should be informed by this report and be incorporated into the Submission Policies section of the OLR website.

5.2.2 Peer Reviewers

Given that the OLR's Editorial Board lacks a formal peer review policy, it is recommended that it create one in order to ensure a consistent and rigorous evaluation process.[51] This proposed peer review policy should prohibit peer reviewers from using AI tools to assess and analyze submissions, a rule consistent with the policy trends identified in this report.

CONCLUSION

6   Conclusion

AI holds significant promise for revolutionizing legal scholarship and enhancing the operations of legal journals such as the OLR. From an author's initial research for and drafting of an article, to the journal's reviewing, editing, and final publication of the submission, AI offers great opportunities for efficiency and innovation. Concerns about AI, however, necessitate a cautious approach to its integration, for use both within the OLR and by external contributors.

This report highlights the opportunities and challenges presented by AI in the realm of legal scholarship. By developing targeted AI policies and recommendations, this report aspires to uphold the OLR's reputation of contributing high-quality, reliable, and impartial publications to legal scholarship. As the field of AI advances, the OLR's Editorial Board must remain committed to monitoring, evolving with, and adapting to the changing landscape of AI by using this report as a guide to tackling this new technological revolution.

7

APPENDICES

Appendix A:

Policy on the Use of Generative AI in the OLR Submission Process

The OLR's Editorial Board allows the use of generative AI in the submission process. However, all authors must take full responsibility for the factual accuracy of their submission and the proper citation of sources.

AI should be used with human oversight and control. Authors are expected to carefully review and edit the resulting output, as AI can generate authoritative-sounding content that may be incorrect, incomplete, or biased.

No submission may list or cite AI as an author. Authorship implies responsibilities and tasks that can be attributed to or performed only by human beings.

In their submissions, authors must disclose whether they used generative AI to produce their work. If so, authors must further disclose how they used generative AI, including the model used, its version, and the date or range of dates of its use, and the steps they took to verify the authenticity of the AI-generated output.

This disclosure requirement applies only to content that was created or generated by AI, usually based on prompts or information authors provided to the AI system.

Lastly, the Editorial Board recognizes that this area is rapidly developing. This position on generative AI may change with the evolution of copyright law and industry standards for ethical use.

Appendix B:

Policy Prohibiting the Use of AI in the OLR Peer Review Process

To uphold the authenticity, confidentiality, and integrity of submissions, the OLR prohibits the use of AI in the peer review process. Peer reviewers are not permitted to use AI-generated content, assessments, or analyses in their evaluations or to upload or otherwise submit submissions to an AI system.

Appendix C:

Policy on the Use of AI in the OLR Editing Process

The OLR's Editorial Board allows the use of AI in the editing process. However, all editors must take full responsibility for the accuracy of their work.

AI must be used with human oversight and control. Editors must carefully review and edit the resulting output, as AI can generate authoritative-sounding content that may be incorrect, incomplete, or biased.

Editors may use AI in the editing process for spelling and grammar purposes only. Editors are not permitted to upload or otherwise submit any portion of a submission to a generative AI system.

Lastly, the Editorial Board recognizes that this area is rapidly developing. This position on AI may change with the evolution of copyright law and industry standards for ethical use.

REFERENCES

* See Yan Campagnolo & Camille Andrzejewski, "The Most-Cited Law Review Articles of All Time by the Supreme Court of Canada" (2022) 60:1 Alta L Rev 129 at 160; Yan Campagnolo & Kyle Kirkup, "Assessing the Influence of the *Ottawa Law Review* at the Supreme Court of Canada: 1966–2017" (2019) 50:3 Ottawa L Rev 89 at 106.

1 Len Polsky, "The Generative AI Playbook: How Lawyers Can Safely Take Advantage of the Opportunities Offered by Generative AI" (last visited 3 July 2024), online: <lawsociety.ab.ca/resource-centre/key-resources/professional-conduct/the-generative-ai-playbook>.

2 *Ibid.*

3 *Ibid.*

4 Patrick Breen, "Generative AI and What It Means to You" (2 February 2023), online: <lexisnexis.co.nz/en/insights-and-analysis/blogs/article/generative-ai-and-what-it-means-to-you>.

5 *Ibid.*

6 *Ibid.*

7 *Ibid.*

8 See Federal Court, "Notice to the Parties and the Profession: The Use of Artificial Intelligence in Court Proceedings" (20 December 2023), online (pdf): <fct-cf.gc.ca/Content/assets/pdf/base/2023-12-20-notice-use-of-ai-in-court-proceedings.pdf>.

9 *Ibid* at 3. See also Federal Court, "Interim Principles and Guidelines on the Court's Use of Artificial Intelligence" (20 December 2023), online: <fct-cf.gc.ca/en/pages/law-and-practice/artificial-intelligence>.

10 The University of Ottawa states that "failing to properly attribute sources ... for example, failure to identify content generated by any technological means, including artificial intelligence" may result in an academic violation or distort the academic assessment (see University of Ottawa, "Academic Regulation A-4: Academic Integrity and Academic Misconduct" (1 May 2023), online: <uottawa.ca/about-us/policies-regulations/academic-regulations/a-4-academic-integrity-academic-misconduct>). Canadian post-secondary institutions that have decided against relying on Turnitin's AI-detection feature include the University of British Columbia, Western University, and Brock University (see University of British Columbia, "Winter 2023 Update: UBC Affirms Decision to Not Enable Turnitin's AI-Detection Feature" (28 August 2023), online: <lthub.ubc.ca/2023/08/28/ubc-affirms-decision-to-not-enable-turnitin-ai-detection>; University of Western Ontario, Centre for Teaching and Learning, "Academic Integrity", online: <teaching.uwo.ca/teaching/assessing/academic-integrity.html>; Memorandum from Rajiv Jhangiani to David Hutchinson, "Turnitin Artificial Intelligence (AI) Tool" (27 April 2023) Brock University, online (pdf): <brocku.ca/teaching-learning/wp-content/uploads/sites/30/ITI-May-5-2023.pdf>). Other post-secondary institutions have generally cautioned their instructors against using generative AI detectors in their classrooms

(see e.g. Nipissing University, Teaching and Learning Committee, "Generative AI Guide for Instructors" (26 June 2023), online (pdf): <nipissingu.ca/sites/default/files/2023-07/Generative%20AI%20Guide%20for%20Instructors%20-%20July%207%2C%202023.pdf>).

11 See e.g. Polsky, *supra* note 1; Law Society of British Columbia, "Practice Resource: Guidance on Professional Responsibility and Generative AI" (last visited 3 July 2024), online (pdf): <lawsociety.bc.ca/Website/media/Shared/docs/practice/resources/Professional-responsibility-and-AI.pdf>; Law Society of Saskatchewan, "Guidelines for the Use of Generative Artificial Intelligence in the Practice of Law" (last modified February 2024), online (pdf): <lawsociety.sk.ca/wp-content/uploads/Law-Society-of-Saskatchewan-Generative-Artificial-Intelligence-Guidelines.pdf>.

12 See University of Toronto Press, "Journals: Law, Criminology, and Political Science" (last visited 3 July 2024), online: <utpjournals.press/subject/law-criminology-and-political-science>.

13 University of Toronto Press, "Guidelines on Artificial Intelligence (AI) Tools" (last visited 3 July 2024), online: <utpjournals.press/resources/editorial-policies#_ai>.

14 *Ibid.*

15 See Cambridge University Press, "Authorship and Contributorship" (last visited 3 July 2024), online: <cambridge.org/core/services/authors/publishing-ethics/research-publishing-ethics-guidelines-for-journals/authorship-and-contributorship>. See also Sage Publications, "ChatGPT and Generative AI" (last visited 3 July 2024), online: <us.sagepub.com/en-us/nam/chatgpt-and-generative-ai>.

16 See section 2.2, below, for more information on COPE standards. See also Oxford Academic, "Information for Authors" (last visited 3 July 2024), online: <academic.oup.com/ejil/pages/General_Instructions>; Lindsey Matthews et al, "Best Practice Guidelines on Research Integrity and Publishing Ethics" (last modified 11 April 2024), online: <authorservices.wiley.com/ethics-guidelines>.

17 The Canadian Medical Association Journal follows the guidelines of the International Committee of Medical Journal Editors (see Canadian Medical Association Journal, "Submission Guidelines" (last visited 3 July 2024), online: <cmaj.ca/submission-guidelines>, citing International Committee of Medical Journal Editors, "Recommendations for the Conduct, Reporting, Editing, and Publication of Scholarly Work in Medical Journals" (last modified January 2024), online (pdf): <icmje.org/icmje-recommendations.pdf>; Matthew B Stanbrook, Meredith Weinhold & Diane Kelsall, "A New Policy on the Use of Artificial Intelligence Tools for Manuscripts Submitted to CMAJ", Editorial Note (2023) 195:28 CMAJ E958). See also American Medical Association, "Instructions for Authors" (last visited 3 July 2024), online: <jamanetwork.com/journals/jama/pages/instructions-for-authors>; British Medical Journal Publishing Group, "AI Use" (last visited 3 July 2024),

online: <bmj.com/content/ai-use>. The British Medical Journal has further stated that it reserves the right to use screening tools to detect the use of AI technologies throughout the publication process (*ibid*).

18 Krzysztof Wach et al, "The Dark Side of Generative Artificial Intelligence: A Critical Analysis of Controversies and Risks of ChatGPT" (2023) 11:2 Entrepreneurial Bus & Econs Rev 7 at 8.

19 See Breen, *supra* note 4.

20 Wach et al, *supra* note 18 at 12.

21 Marjin Janssen & George Kuk, "The Challenges and Limits of Big Data Algorithms in Technocratic Governance" (2016) 33:3 Government Information Q 371 at 371.

22 *Ibid* at 372.

23 See Kevin Schaul, Szu Yu Chen & Nitasha Tiku, "Inside the Secret List of Websites That Make AI Like ChatGPT Sound Smart", *The Washington Post* (19 April 2023), online: <washingtonpost.com/ technology/interactive/2023/ai-chatbot-learning>.

24 *Ibid.*

25 See Cade Metz, "Chatbots May 'Hallucinate' More Often Than Many Realize", *The New York Times* (6 November 2023), online: <nytimes.com/2023/11/06/ technology/chatbots-hallucination-rates.html>.

26 See *Mata v Avianca, Inc*, 678 F Supp (3d) 443 (NY Dist Ct 2023); Benjamin Weiser, "Here's What Happens When Your Lawyer Uses ChatGPT", *The New York Times* (27 May 2023), online: <nytimes.com/2023/05/27/ nyregion/avianca-airline-lawsuit-chatgpt.html>.

27 See *Zhang v Chen*, 2024 BCSC 285 at para 2.

28 Matthew Dahl et al, "Large Legal Fictions: Profiling Legal Hallucinations in Large Language Models" (2024) 16:1 J Leg Analysis 64 at 66.

29 *Ibid* at 87.

30 Metz, *supra* note 25.

31 Elsevier, "Publishing Ethics" (last visited 3 July 2024), online: <elsevier.com/about/policies-and-standards/ publishing-ethics>.

32 See section 4.2.1, below, for a discussion of these generative AI tools.

33 See Office of the Privacy Commissioner, "Principles for Responsible, Trustworthy and Privacy-Protective Generative AI Technologies" (7 December 2023), online: <priv.gc.ca/en/privacy-topics/technology/ artificial-intelligence/gd_principles_ai>.

34 See Office of the Privacy Commissioner, Statement, "Joint Statement on Data Scraping and the Protection of Privacy" (24 August 2023), online: <priv.gc.ca/en/ opc-news/speeches/2023/js-dc_20230824> (statement endorsed by the members of the Global Privacy Assembly's International Enforcement Cooperation Working Group).

35 *Ibid.*

36 See Office of the Privacy Commissioner, Announcement, "OPC to Investigate ChatGPT Jointly with Provincial Privacy Authorities" (25 May 2023),

online: <priv.gc.ca/en/opc-news/news-and-announcements/2023/an_230525-2>.

37 RSC 1985, c C-42.

38 See Government of Canada, News Release, "Government of Canada Launches Consultation on the Implications of Generative Artificial Intelligence for Copyright" (12 October 2023), online: <canada. ca/en/innovation-science-economic-development/ news/2023/10/government-of-canada-launches-consultation-on-the-implications-of-generative-artificial-intelligence-for-copyright.html>.

39 See Turnitin, Press Release, "Turnitin Turns on AI Writing Detection Capabilities for Educators and Institutions (Southeast Asia)" (5 April 2023), online: <turnitin.com/press/turnitin-turns-on-ai-writing-detection-capabilities-for-educators-and-institutions-southeast-asia>.

40 See Geoffrey A Fowler, "We Tested a New ChatGPT-Detector for Teachers: It Flagged an Innocent Student", *The Washington Post* (3 April 2023), online: <washingtonpost.com/technology/2023/04/01/ chatgpt-cheating-detection-turnitin>.

41 *Ibid.*

42 *Ibid.* See also University of Western Ontario, Centre for Teaching and Learning, *supra* note 10.

43 See University of British Columbia, *supra* note 10.

44 See McGill Law Journal, *Canadian Guide to Uniform Legal Citation*, 10th ed (Toronto: Thomson Reuters, 2023). The OLR's *Style Guide* outlines the formatting, editing, and grammatical rules the OLR has adopted to ensure all publications are consistently edited: see Ottawa Law Review, *Style Guide* (Faculty of Law, Common Law Section, University of Ottawa, 2024).

45 Robert M Davidson et al, "Pickled Eggs: Generative AI as Research Assistant or Co-Author" (2023) 33:5 Information Systems J 989 at 989.

46 See Thomson Reuters, "Practical Law – Legal Resources" (last visited 3 July 2024), online: <legal. thomsonreuters.com/en/products/practical-law>.

47 See e.g. Thomson Reuters, "Thomson Reuters Showcases CoCounsel with Microsoft Copilot During 2024 Microsoft Build" (21 May 2024), online: <legal.thomsonreuters.com/blog/thomson-reuters-microsoft-ai-integration-2024>.

48 See Julie Sobowale, "Lexum Pilot Project Using AI to Summarize Cases Expands to Alberta, Manitoba and PEI: AI Used in CanLII to Automatically Classify and Summarize Cases", *Canadian Lawyer Magazine* (19 December 2023), online: <canadianlawyermag.com/ resources/legal-technology/lexum-pilot-project-using-ai-to-summarize-cases-expands-to-alberta-manitoba-and-pei/382398>.

49 For a proposed draft of this policy, see section 7, Appendix C, below.

50 For a proposed draft of this policy, see section 7, Appendix A, below.

51 For a proposed draft of this policy, see section 7, Appendix B, below.

ACKNOWLEDGEMENTS

Acknowledgements

This report was prepared with the help of a grant from the Social Sciences and Humanities Research Council of Canada. It is the culmination of the collaborative efforts undertaken by the OLR AI Research and Working Group throughout the 2023–2024 academic year. The dedicated team of individuals who played integral roles in this endeavour is as follows:

Editor
Professor Yan Campagnolo

Authors
Leonie van Haeren, Shaarini Ravitharan, Emma Murray, and Ephraim Barrera

Research Assistants
Charles-Antoine Godin, Jacob Graff, Amber LeBlanc, Bertina Lou, Simran Mann, Vanessa Matta, Stéphanie Moreau, and Alexandra Son

AI Advisors
Professors Wolfgang Alschner, Florian Martin-Bariteau, Céline Castets-Renard, Marina Pavlovic, Amy Salyzyn, and Teresa Scassa

Linguistic Reviewers
Desmond Fisher, Marie Rodrigue, and Valérie Leclercq

Law, Technology, and Media

Series editor: Michael Geist

The *Law, Technology, and Media* series explores emerging technology law issues with an emphasis on a Canadian perspective. It is the first University of Ottawa Press series to be fully published under an open access licence.

Previous titles in *Law, Technology, and Media* Series

Pamela Robinson and Teresa Scassa, eds., *The Future of Open Data*, 2022.

Elizabeth Dubois and Florian Martin-Bariteau, eds., *Citizenship in a Connected Canada: A Research and Policy Agenda*, 2020

Alana Maurushat, *Ethical Hacking*, 2019.

Derek McKee, Finn Makela, and Teresa Scassa, eds., *Law and the "Sharing Economy": Regulating Online Market Platforms*, 2018.

Karim Benyekhlef, Jane Bailey, Jacquelyn Burkell, and Fabie Gélinas, eds., *eAccess to Justice*, 2016.

Michael Geist, *Law, Privacy and Surveillance in Canada in the Post-Snowden Era*, 2015.

Jane Bailey and Valerie Steeves, *eGirls, eCitizens*, 2015.

Lucie Thibault and Jean Harvey, *Sport Policy in Canada*, 2013.

For a complete list of the University of Ottawa Press titles, please visit:
www.Press.uOttawa.ca

.

Droit, technologie et médias

Direction de la collection : Michael Geist

La collection *Droit, technologie et médias* explore les problématiques juridiques telles qu'elles se développent au Canada. Il s'agit de la première collection des Presses de l'Université d'Ottawa dont tous les titres paraissent en libre accès.

Œuvres les plus récentes de la collection *Droit, technologie et médias*

Pamela Robinson et Teresa Scassa (dir.), *The Future of Open Data*, 2022.

Elizabeth Dubois et Florian Martin-Bariteau (dir.), *Citizenship in a Connected Canada: A Research and Policy Agenda*, 2020

Alana Maurushat, *Ethical Hacking*, 2019.

Derek McKee, Finn Makela et Teresa Scassa (dir.), *Law and the "Sharing Economy": Regulating Online Market Platforms*, 2018.

Karim Benyekhlef, Jane Bailey, Jacquelyn Burkell et Fabien Gélinas (dir.), *eAccess to Justice*, 2016.

Michael Geist, *Law, Privacy and Surveillance in Canada in the Post-Snowden Era*, 2015.

Jane Bailey et Valerie Steeves, *eGirls, eCitizens*, 2015.

Lucie Thibault et Jean Harvey, *Sport Policy in Canada*, 2013.

Découvrez la liste complète des titres parus aux Presses de l'Université d'Ottawa : www.Presses.uOttawa.ca

1

INTRODUCTION

1.1 IA et IA générative

Le terme «intelligence artificielle» [ci-après «IA»] est un vocable au sens large qui désigne «tout système automatisé capable d'effectuer des prédictions, de formuler des recommandations ou de prendre des décisions» [notre traduction][1]. On trouve de nombreux usages à ces systèmes dans la pratique du droit, notamment pour «filtrer les pourriels, effectuer des vérifications orthographiques, rechercher des termes dans le contexte de recherches électroniques et générer des documents de manière automatisée» [notre traduction][2].

L'IA générative, comme son nom l'indique, est un sous-ensemble de l'IA qui génère du contenu — y compris du texte, des images, de l'audio et de la vidéo — à partir des données d'apprentissage fournies au système et en réponse à des consignes qu'elle reçoit de l'utilisateur ou l'utilisatrice [ci-après «utilisateur»][3]. Il existe deux types de modèles distincts d'IA générative : les modèles probabilistes et les modèles déterministes.

Les modèles probabilistes d'IA générative, tels que ChatGPT d'OpenAI ou Gemini de Google, se servent des données du modèle pour inférer un résultat fondé sur une consigne particulière[4]. Cette approche est semblable sur le plan conceptuel à la fonction de texte prédictif de la plupart des téléphones cellulaires, qui prédit ce que l'on va écrire en fonction de nos écrits passés. Les questions relatives aux préjugés, à l'exactitude et à la fiabilité associées à l'IA générative découlent essentiellement de ce type de modèles, puisque leur capacité à inférer est imparfaite et imprévisible[5].

Les modèles d'IA générative déterministes «apportent des réponses spécifiques à des questions spécifiques» [notre traduction][6]. Un exemple de cette approche consisterait à employer une base de données pour effectuer des recherches relatives à des causes, des principes ou des articles juridiques spécifiques, où le logiciel est censé fournir une réponse exacte et écarter le contenu inexact[7].

Les deux types de modèles d'IA générative sont utilisés dans le contexte de la recherche juridique, et il en sera question tout au long du présent rapport.

1.2 Rôle croissant de l'IA dans le domaine de la recherche juridique

L'IA est en voie de transformer le paysage juridique tel que nous le connaissons. Ce changement se perçoit à tous les

> Pour la RDO, cette adaptation consisterait à saisir les occasions où il est opportun de recourir à l'IA, tout en maintenant son engagement à préserver la confidentialité des soumissions, la propriété intellectuelle et la rigueur scientifique.

échelons de la profession. Tous ceux et celles qui œuvrent dans le milieu juridique, autant des personnes étudiantes aux juristes aguerris, se servent de plus en plus des outils d'IA pour effectuer des recherches et des analyses juridiques, rédiger des textes, réviser et résumer des documents ou encore faciliter la gestion de leur pratique. En dépit des gains d'efficacité qu'offrent ces outils dans une profession en pleine évolution, des questions subsistent quant au fonctionnement interne des algorithmes de l'IA et à l'incidence du contenu qu'elle génère.

En réponse, divers organismes, dont des tribunaux, des barreaux et des établissements postsecondaires, ont entrepris d'élaborer des politiques pour réglementer la portée de l'utilisation permise de l'IA générative. Par exemple, la Cour fédérale exige désormais des parties à des procédures juridiques qu'elles déclarent si l'IA a été utilisée pour générer au moins une partie du contenu de leurs actes de procédure[8]. La Cour fédérale a ajouté qu'elle-même n'utilisera pas l'IA dans son processus décisionnel, sans tenir au préalable des consultations publiques[9]. De même, de nombreux établissements postsecondaires ont formulé des lignes directrices à l'intention des étudiants et étudiantes quant à l'utilisation de l'IA[10]. En outre, plusieurs barreaux canadiens ont élaboré des outils relatifs à la pratique pour aider les avocats et avocates [ci-après « avocats »] à réfléchir à l'utilisation des outils d'IA générative dans le cadre de leur pratique juridique[11].

Un domaine important où l'intégration de l'IA reste toutefois largement inexplorée est celui de la recherche juridique. En dépit du recours fréquent des avocats de pratique privée et des professeurs et professeures de droit à l'IA, les revues de droit — pourtant des véhicules à part entière de la dissémination de la recherche juridique — accusent encore un retard par rapport à l'évolution de l'utilisation qui en est faite. La plupart des revues de droit, tant au Canada qu'à l'international, ne disposent pas de lignes directrices explicites sur le recours à l'IA tant à l'interne qu'à l'externe. Cette incertitude quant au rôle de l'IA dans ce type de publication pose des risques pour la qualité, l'intégrité et la fiabilité de la recherche juridique. Pour répondre adéquatement à ces risques, il est essentiel d'avoir une compréhension nuancée de l'influence de l'IA générative sur les revues de droit.

1.3 Importance de comprendre l'incidence de l'IA sur les revues de droit

S'ils reconnaissent les possibilités et les défis que présente l'IA, les chercheurs et chercheuses [ci-après « chercheurs »] en droit, les avocats de pratique privée et les revues seront en mesure d'adapter leurs approches. Pour la RDO, cette adaptation consisterait à saisir les occasions où il est opportun de recourir à l'IA, tout en maintenant son engagement à préserver la confidentialité des soumissions, la propriété intellectuelle et la rigueur scientifique. En atteignant cet équilibre, elle resterait à l'avant-garde des avancées technologiques tout en continuant à servir de plateforme fiable de diffusion pour de la recherche juridique pertinente et respectueuse de l'éthique.

1.4 Objectifs du rapport

Le présent rapport vise avant tout à examiner les possibilités et les défis que présente le recours à l'IA pour les revues de droit, ainsi que son incidence sur elles. Il cherche à éclairer la RDO de manière à ce qu'elle puisse prévoir les conséquences de ces avancements sur ses travaux. À la lumière des possibilités et des défis en question, le présent rapport formule plusieurs recommandations sur les recours à l'IA que la RDO pourrait mettre en œuvre, notamment des politiques sur l'IA. Cela garantirait que la RDO soit bien préparée pour gérer et exploiter le potentiel transformateur de l'IA dans tous les aspects de la recherche juridique. Enfin, le présent rapport vise à contribuer de manière significative au dialogue actuel sur l'IA dans le domaine juridique.

COMMENT LES REVUES RÉPONDENT-ELLES À L'IA

Pour formuler sa position et sa stratégie quant au recours à l'IA, la RDO a mis sur pied un groupe de recherche et de travail chargé de mener un examen approfondi des pratiques des revues, tant juridiques que non juridiques, et d'étudier leurs politiques respectives sur l'IA, le cas échéant. Cet examen exhaustif vise à obtenir des renseignements et à identifier les meilleures pratiques à partir de stratégies existantes, de manière à faciliter l'élaboration d'une approche éclairée pour la RDO.

2.1 Revues de droit

Au moment de la rédaction du présent rapport, aucune revue de droit au Canada, mises à part celles publiées par l'University of Toronto Press [ci-après « UTP »], n'a adopté de politique quant au recours à l'IA ou n'offre de lignes directrices à ce sujet. L'UTP publie une panoplie de revues, y compris plusieurs revues de droit, qui sont assujetties à ses politiques sur le recours aux outils d'IA. Ces revues comprennent le University of Toronto Law Journal, le Canadian Journal of Criminology and Criminal Justice et le Canadian Journal of Women and Law[12]. Fait important, l'UTP a déclaré qu'un outil d'IA ne satisfait pas à sa définition d'un auteur et qu'il « ne peut être inscrit comme auteur sur quelque travail de recherche que ce soit publié par l'UTP »[13]. Les auteurs qui publient par l'entremise de l'UTP ont en outre l'obligation de divulguer s'ils ont eu recours à des outils d'IA dans le cadre de leur processus de recherche et, le cas échéant, de fournir une description de la façon dont ces outils ont été utilisés[14].

Au moment de la rédaction du présent rapport, aucune revue de droit au Canada, mises à part celles publiées par l'University of Toronto Press, n'a adopté de politique quant au recours à l'IA ou n'offre de lignes directrices à ce sujet.

À l'instar des revues analogues canadiennes, les revues de droit internationales ne semblent pas avoir non plus pour le moment de politiques sur le recours à l'IA. De telles politiques sont plutôt établies par leurs maisons d'édition. Par exemple, la Cambridge University Press, qui publie la European Constitutional Law Review, et Sage, qui publie le Maastricht Journal of European and Comparative Law, ont mis en œuvre des politiques sur l'IA semblables à celle de l'UTP. En effet, ces maisons d'édition exigent des auteurs qu'ils divulguent leur recours à l'IA et l'expliquent. Elles déclarent en outre que le recours à l'IA ne doit pas violer leurs politiques respectives en matière de plagiat et que les auteurs sont responsables de l'exactitude de leur recherche, y compris de tout texte généré par l'IA sur lequel ils se fondent dans leur travail[15]. D'autres revues de droit et d'autres maisons d'édition, comme le European Journal of International Law et Wiley, requièrent que ses auteurs respectent des normes d'éthique élevées en matière de publication telles qu'elles ont été établies par le Committee on Publication Ethics [ci-après « COPE »][16].

2.2   Revues non juridiques

Les revues spécialisées dans les humanités, les sciences sociales et les sciences naturelles ont adopté des approches comparables en ce qui a trait aux politiques sur l'IA générative. Fait à noter, le COPE a publié une prise de position sur l'IA en février 2023 à laquelle ont adhéré des regroupements de revues y compris les World Association of Medical Editors, le Journal of the American Medical Association [ci-après « JAMA »] Network, la Oxford University Press, Wiley et la American Psychological Association [ci-après « APA »]. Ces regroupements représentent des milliers de revues qui traitent autant de sciences sociales, que d'humanités et de sciences naturelles. Une si grande adhésion donne

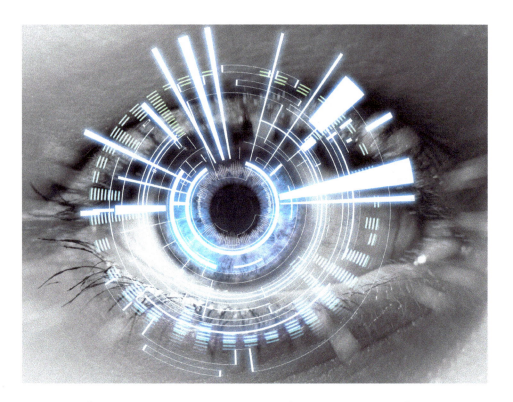

à penser qu'émergent certaines orientations politiques en matière d'IA générative pour les auteurs, dont les quatre suivantes :

1. Plusieurs revues non juridiques ont interdit de désigner un outil d'IA comme auteur d'un texte. La déclaration du COPE, par exemple, soutient que les outils d'IA ne peuvent satisfaire aux exigences pour détenir ce titre parce qu'il s'agit d'entités non juridiques inaptes à assumer la responsabilité des soumissions ou gérer les ententes de propriété intellectuelle. Des revues non juridiques publiées par Springer, Sage et Taylor & Francis appliquent la même interdiction.

2. De nombreuses politiques obligent les auteurs à divulguer leur recours à l'IA. La déclaration du COPE exige la divulgation du type d'outil d'IA utilisé — et de la façon dont ils ont été utilisés — dans la section intitulée «documentation et méthodologie» ou dans une section similaire de la soumission donnée. De même, les maisons d'édition Elsevier et Cambridge University Press exigent de telles déclarations dans la section «remerciements» du manuscrit ou dans une section similaire. De plus, l'APA exige que les auteurs téléchargent, à titre de documents complémentaires à leur soumission et afin d'assurer la transparence, la totalité des résultats générés par l'IA.

3. Certaines politiques répartissent les exigences de divulgation selon le degré de contribution de l'IA à une soumission. Le European Journal of Analytical Philosophy définit trois niveaux de contribution de l'IA, chacune emportant des exigences de divulgation croissante : négligeable, modeste et substantielle. D'autres ont suggéré l'adoption de cinq niveaux de contribution de l'IA : négligeable, mineure, modeste, majeure et essentielle.

4. Quelques revues exigent la divulgation de possibles préjugés découlant des modèles d'IA qui ont été utilisés. Par exemple, le Canadian Journal of Philosophy prescrit de déclarer tout intérêt concurrent pertinent ou éventuel préjugé susceptible de découler de l'algorithme d'un outil d'IA.

Certaines revues médicales, dont le JAMA, le British Medical Journal et les International Committee of Medical Journal Editors, duquel le Canadian Medical Association Journal est membre, ont aussi publié des lignes directrices sur le recours à l'IA par les évaluateurs et évaluatrices [ci-après « évaluateurs »] externes. Ces politiques peuvent se résumer en trois tendances[17] :

1. Les évaluateurs externes ne sont pas autorisés à télécharger des manuscrits dans des logiciels d'IA si la confidentialité de ces manuscrits ne peut être garantie.

2. Si la confidentialité des manuscrits peut être garantie, les évaluateurs externes sont tenus de divulguer leur recours à l'IA et sa nature.

3. En définitive, il appartient aux évaluateurs externes de s'assurer que la teneur de leur révision est correcte, exhaustive et exempte de préjugés.

3

DÉFIS

L'intégration de l'IA dans le domaine de la recherche juridique soulève plusieurs préoccupations quant à l'exactitude et la qualité des résultats générés par les outils d'IA, de même que des questions relatives à la confidentialité et la propriété intellectuelle. Il est essentiel qu'une revue de droit ait une compréhension approfondie de ces questions et de leurs incidences pour qu'elle puisse s'assurer qu'elles sont correctement prises en compte avant d'intégrer les outils d'IA dans ses processus internes ou d'en autoriser l'utilisation externe.

3.1 Considérations liées à l'exactitude et à la qualité

Notre recherche a révélé trois défis principaux à relever en ce qui a trait à l'exactitude et la qualité que pose l'IA génératrice et son utilisation dans le domaine de la recherche : (1) les préjugés et la discrimination que recèlent les algorithmes des outils d'IA, (2) les hallucinations de faits et de sources, et (3) la transparence quant au recours à l'IA dans les soumissions.

3.1.1 Préjugés et discrimination que recèlent les algorithmes des outils d'IA

Une façon de recourir à l'IA dans le domaine de la recherche juridique est d'utiliser un robot conversationnel comme ChatGPT ou Gemini pour effectuer une recherche. Dans ses premières itérations, l'IA générative « s'acquittait [surtout] de tâches suivant un ensemble de règles établies » [notre traduction][18]. Cependant, les modèles probabilistes actuels d'IA générative se fondent sur des algorithmes complexes et de grandes quantités de données pour générer des réponses aux questions de l'utilisateur. L'exactitude et la validité des réponses dépendent donc des données utilisées et de l'algorithme suivi, puisqu'ils sont le fondement grâce auquel chaque modèle déduit la « réponse appropriée » [notre traduction][19].

En conséquence, si les données renferment des préjugés ou des stéréotypes, ceux-ci se « refléteront dans les réponses fournies » [notre traduction] par le logiciel[20]. Les algorithmes procèdent en fonction de la reconnaissance de schémas et « d'une certaine intelligence qui manipule les données pour aboutir à un résultat » [notre traduction][21]. Des études récentes ont démontré que, suivant leur conception, « les algorithmes peuvent introduire systématiquement des préjugés par inadvertance, renforcer la discrimination historique, écarter certains renseignements ou consolider des pratiques désuètes ou des échecs du passé » [notre traduction][22].

Dans une étude sur les sources de données utilisées par l'IA générative, des journalistes du quotidien Washington Post ont collaboré avec des scientifiques de l'Allen Institute for AI pour analyser l'ensemble des données de Google C4[23]. Ils ont découvert que, dans la catégorie «nouvelles et média», la troisième plus importante en termes de nombre de données, une part importante d'entre elles provenaient de Wikipédia, de même que de plusieurs sources «mal cotées sur l'échelle indépendante NewsGuard pour la fiabilité» [notre traduction][24].

La possibilité que des préjugés et de la discrimination découlent de cette situation pose un risque éthique considérable pour les revues de droit. Les auteurs qui se fient exclusivement aux algorithmes des outils d'IA pour effectuer leurs recherches et rédiger leurs soumissions courent le risque de propager de l'information erronée et de produire de la recherche de piètre qualité, ce qui, à son tour, a pour effet de miner la qualité, la crédibilité et l'intégrité d'une revue.

3.1.2   Hallucinations de faits et de sources

Contrairement aux être humains, les robots conversationnels ne sont pas formés pour évaluer la qualité et la crédibilité du contenu qu'ils génèrent. Il est aussi reconnu que ChatGPT et d'autres robots conversationnels «hallucinent» des renseignements et des sources[25]. Par exemple, en préparant un mémoire de 10 pages déposé auprès d'une cour de district des États-Unis à New York, ChatGPT a inventé trois décisions judiciaires dont les faits et les raisonnements ressemblaient à ceux soumis à la cour[26]. Une situation similaire s'est produite dans une cause dont était saisie la Cour suprême de la Colombie-Britannique en janvier 2024, dans le cadre de laquelle la demande, qui visait le prononcé d'une ordonnance autorisant les enfants de la demanderesse à se rendre en Chine pour une visite, faisait référence à des causes «inventées»[27]. Si cette erreur n'avait pas été décelée,

> Dans une étude menée en 2024 et portant spécifiquement sur le domaine juridique, on a constaté un nombre alarmant d'occurrences d'hallucinations — "entre 58 % […] et 88 % […] du temps" — lorsque les questions posées au logiciel concernaient la jurisprudence existante.

ces causes hallucinées auraient pu influencer la décision de la Cour suprême de la Colombie-Britannique. Cela souligne l'importance de la surveillance humaine pour éviter les effets potentiellement préjudiciables de l'utilisation d'outils d'IA générative tels que ChatGPT dans les procédures judiciaires.

Dans une étude menée en 2024 et portant spécifiquement sur le domaine juridique, on a constaté un nombre alarmant d'occurrences d'hallucinations — « entre 58 % […] et 88 % […] du temps » [notre traduction] — lorsque les questions posées au logiciel concernaient la jurisprudence existante[28]. En outre, l'étude a conclu que les modèles linguistiques d'IA générative « fournissent des réponses apparemment authentiques à des questions juridiques dont les prémisses sont fausses de par leur nature même » et qu'ils ne peuvent pas reconnaître qu'ils hallucinent des « faussetés juridiques » [notre traduction][29]. Une autre équipe de chercheurs a conclu que « les robots conversationnels ont constamment inventé de l'information » lorsqu'on leur a demandé de résumer des articles de journaux et que les taux d'hallucination ont augmenté lorsqu'on leur a demandé d'effectuer des tâches « allant au-delà du simple résumé » [notre traduction][30]. En réponse, plusieurs lignes directrices sur le recours à l'IA exigent que les auteurs assurent « une surveillance et un contrôle humain » de leurs textes en cas de recours à l'IA générative, notamment parce que « [celle-ci] est en mesure de générer des textes faisant apparemment autorité, mais pouvant être incorrects, incomplets ou empreints de préjugés » [notre traduction][31].

Il importe de noter que le degré d'hallucinations des systèmes d'IA générative dépend du grand modèle de langage [ci-après « GML »] utilisé et à quelle fin il est utilisé. Dans le contexte de la recherche juridique, par exemple, un robot conversationnel polyvalent doté d'un GML (comme ChatGPT ou Gemini) peut halluciner davantage qu'un outil d'IA génératif conçu spécifiquement pour le contexte des services juridiques (comme Lexis+ AI ou CoCounsel de Thomson Reuters)[32], puisque ces derniers se servent de techniques différentes et ont accès à des bases de données distinctes. Ainsi, à mesure que ces nouvelles technologies évolueront et s'amélioreront pour combler ces lacunes, la RDO devra évaluer avec souplesse le bien-fondé du recours à chacun des outils.

3.1.3 Transparence

Bien que, comme il en sera question dans la section 4.2.1, le risque d'hallucinations puisse être réduit à un certain degré en recourant à des outils d'IA conçus spécifiquement pour l'industrie juridique, ce risque ne peut être totalement écarté. En conséquence, la transparence des auteurs quant à l'étendue de leur utilisation des technologies d'IA générative dans leurs soumissions aiderait la RDO à préserver l'exactitude et l'intégrité de ses publications.

Comme nous l'avons évoqué dans la section 2.2, de nombreuses revues non juridiques ont traité de la question de la transparence en exigeant la divulgation de l'utilisation de l'IA dans leurs politiques respectives. Certaines d'entre elles imposent aux auteurs de divulguer, dans la section réservée à leur méthodologie, quels outils spécifiques d'IA ils ont utilisés et comment ils ont été utilisés, tandis que d'autres vont jusqu'à exiger que les auteurs téléchargent, à titre de documents complémentaires à leur soumission, la totalité des résultats générés par l'IA. La RDO devrait élaborer une politique similaire pour garantir que les auteurs soient totalement transparents quant aux outils d'IA utilisés, la façon dont ils l'ont été et les mesures prises pour vérifier l'exactitude des résultats ainsi générés.

3.2   Questions juridiques

3.2.1   Préoccupations en matière de confidentialité

L'IA générative soulève plusieurs préoccupations en matière de confidentialité que les revues de droit comme la RDO doivent prendre en considération. Pour générer des textes convaincants, les modèles d'IA ont besoin d'« entraînement » à partir de bases de données volumineuses qui peuvent contenir des quantités importantes de renseignements sensibles et personnels[33]. L'obtention de ces données passe souvent par une « extraction de données » massive en ligne, un processus qui peut collecter des renseignements tels des images de visages et des données médicales[34]. Cette méthode de collecte de données soulève la question de savoir si les revues de droit pourraient recevoir des renseignements sensibles et personnels à partir des résultats générés par les outils d'IA. À l'inverse, si des revues de droit versent elles-mêmes des soumissions dans des outils d'IA dans le cadre de leur processus de révision, elles pourraient contrevenir à leur politique de confidentialité.

Le Commissariat à la protection de la vie privée du Canada [ci-après «CPVP»] a reconnu que l'extraction de données soulève des préoccupations liées aux cyberattaques, à l'usurpation d'identité, au profilage, à la surveillance ou à la collecte non sollicitée de renseignement à des fins politiques[35]. De plus, les renseignements personnels d'individus appartenant à des groupes vulnérables, comme les enfants, pourraient aussi être extraits pour entraîner les modèles d'IA. Le CPVP a déclenché une enquête conjointe avec ses homologues provinciaux à la suite de plaintes contre OpenAI pour violation des lois sur la protection de la vie privée et des données. Au moment de rédiger le présent rapport, l'enquête est toujours en cours[36].

3.2.2 Incidences sur la propriété intellectuelle

L'IA générative soulève également des questions relatives à la propriété intellectuelle, plus spécifiquement des préoccupations en matière de droit d'auteur, en ce qui a trait à la fois à ce qui est versé dans les outils d'IA et à ce qui en ressort. La question à l'étape du téléchargement de données survient lorsque les modèles d'IA copient

illégalement des travaux lors de leur intégration à leur base de données durant l'«entraînement». Au moment de la sortie, la question survient lorsque l'IA enfreint les lois sur le droit d'auteur en générant du contenu qui ressemble à des travaux protégés. Ainsi, la préoccupation principale pour les revues de droit découle du fait que les auteurs pourraient recourir à des outils d'IA qui génèrent des textes contrevenant au régime sur le droit d'auteur du Canada. Des tiers pourraient également être en mesure d'obtenir un accès interdit à des soumissions non publiées et confidentielles si un rédacteur ou rédactrice [ci-après «rédacteur»] ou un évaluateur externe les téléchargeait dans un outil d'IA. En outre, il se pourrait que les outils d'IA copient des publications de la RDO et génèrent des résultats similaires à ses manuscrits protégés et exclusifs.

En 2023, le gouvernement du Canada a lancé une consultation publique sur le droit d'auteur et l'IA générative en vue de possibles modifications à la *Loi sur le droit d'auteur*[37]. La consultation a porté principalement sur «l'utilisation d'œuvres protégées par le droit d'auteur aux fins de l'entraînement des systèmes d'IA; la titularité et la propriété des droits en ce qui concerne le contenu produit par l'IA; la responsabilité, particulièrement si le contenu produit par l'IA viole les droits d'auteur d'œuvres existantes»[38]. Au moment d'écrire le présent rapport, la consultation est terminée, mais les mémoires détaillés présentés au gouvernement n'ont pas encore été rendus publics. Des modifications au régime canadien sur le droit d'auteur liées à l'IA pourraient avoir une incidence sur les politiques de la RDO sur l'IA. Il est donc recommandé que la RDO continue de rester à l'affût des modifications apportées à la *Loi sur le droit d'auteur* de même que des enquêtes du CPVP pour garantir qu'elle ne recourt pas aux outils d'IA en contravention des lois sur la protection de la vie privée et sur les données ou qu'elle n'autorise pas un tel recours.

4

POSSIBILITÉS EN LIEN AVEC L'IA

Les revues de droit comme la RDO peuvent intégrer le recours à l'IA à l'interne de plusieurs façons pour améliorer et simplifier leurs processus d'évaluation, de révision et de publication. Les collaborateurs et collaboratrices [ci-après « collaborateurs »] externes, comme les auteurs et les évaluateurs, peuvent aussi trouver des moyens d'incorporer l'IA dans leur travail.

Afin de mieux cerner les circonstances où il conviendrait d'avoir recours à l'IA, il serait bon de donner un aperçu du déroulement des opérations de la RDO. Durant le processus de soumission, la RDO invite des auteurs à lui soumettre des articles. Au terme d'un appel aux soumissions, le comité de rédaction de la RDO revoit les textes soumis à l'interne. À cette étape, il s'agit de choisir quelles soumissions devraient être envoyées à des évaluateurs externes.

Ensuite, les soumissions choisies sont évaluées par deux à quatre évaluateurs externes — des chercheurs en droit ou des praticiens et praticiennes — qui ont une expertise dans le domaine de la soumission. Les évaluations externes aident le comité de rédaction à décider quelles soumissions devraient être choisies pour publication.

Une fois qu'un texte est choisi pour publication, le processus de révision commence : les rédacteurs adjoints retracent toutes les sources citées dans une soumission et confirment qu'elles sont correctement référencées. L'article passe ensuite entre les mains de rédacteurs associés et de rédacteurs principaux qui, grâce à de multiples étapes de révision, modifient au besoin le texte et les notes de bas de page. Enfin, les rédacteurs en chef effectuent une ultime révision de toutes les modifications et travaillent de concert avec l'auteur pour préparer une mise en page finale de la soumission pour publication.

Les possibilités dont il sera maintenant question sont des avenues d'intégration des outils d'IA dans les processus d'évaluation, de révision et de publication d'une revue de droit. La RDO ne devra toutefois pas nécessairement exploiter toutes ces possibilités, comme il sera expliqué à la section 5 du présent rapport.

4.1 Recours aux outils d'IA par les revues de droit dans leurs processus internes

4.1.1 Processus d'évaluation

Les revues de droit examinent les soumissions en faisant preuve de diligence raisonnable afin de s'assurer que les articles qu'elles publient sont non seulement exacts, mais aussi de hautes qualités. Comme il a été expliqué, à la RDO, cet examen est effectué à la fois à l'interne grâce au processus de sélection des soumissions par le comité de rédaction et à l'externe au moyen d'évaluations externes.

4.1.1.1 Sélection des soumissions

Une revue de droit pourrait se servir des outils d'IA pour l'aider dans son processus d'évaluation interne des soumissions. Par exemple, lorsqu'elle sélectionne quelles soumissions devraient être envoyées à des évaluateurs externes, la RDO se préoccupe, entre autres, de savoir si la soumission présente une idée nouvelle et si elle s'appuie sur la littérature existante. Cela dit, même si les outils d'IA étaient utilisés à cette fin, une supervision humaine serait encore nécessaire pour garantir la sélection de soumissions originales et de haute qualité.

Lorsqu'il s'agit d'évaluer si une soumission traite de la littérature existante, un logiciel de recherche juridique, comme ScholarSift, pourrait servir à faire une revue d'articles ainsi qu'une analyse exhaustive des auteurs, des articles et des revues cités, de même que des domaines de recherche en cause. Par exemple, un tel logiciel pourrait identifier les domaines de droit dont il est question dans la soumission, préparer une liste des auteurs cités et générer des statistiques sur les sources citées. Un avantage que seul un logiciel de recherche juridique peut

> Les outils d'IA ne sont pas en mesure de formuler des
> critiques et une analyse précise similaires à celles que
> peut généralement offrir un évaluateur externe qui cumule
> des années de connaissances et d'expérience.

apporter est sa capacité à effectuer une revue exhaustive de toute la littérature existante sur un sujet donné, une prouesse qui dépasse de loin ce que peut faire un évaluateur externe.

Le recours à de tels outils comporte toutefois des désavantages, surtout en ce qui a trait aux préjugés. Comme il en a été question, la perspective qu'offre un outil d'IA est totalement tributaire des données utilisées pour l'entraîner, ce qui peut donc avoir une incidence sur son évaluation d'une soumission. ScholarSift est un logiciel américain dont l'efficacité est optimale pour effectuer des évaluations fondées sur des sources américaines. Il est donc peu probable que les revues de droit canadiennes qui, en général, publient des articles sur le système juridique canadien, à l'instar de la RDO, puissent uniquement se fier sur cet outil dans le cadre de son processus interne d'évaluation pour recenser les sources pertinentes manquantes dans les soumissions qu'elles reçoivent. À l'heure actuelle, aucun logiciel canadien n'offre de fonctions équivalentes à celles de ScholarSift. De plus, les outils d'IA ne sont pas en mesure de formuler des critiques et une analyse précise similaires à celles que peut généralement offrir un évaluateur externe qui cumule des années de connaissances et d'expérience.

4.1.1.2 Déceler le recours à l'IA

Diverses compagnies commercialisent également des outils de détection de l'IA, tels que Turnitin ou GPTZero, en prétendant pouvoir détecter les contenus générés par l'IA. Turnitin, par exemple, a introduit une nouvelle fonction de détection de l'IA en avril 2023, dont les capacités de détection de l'IA seraient fiables à 98 %[39]. Une étude menée par le Washington Post a évalué l'exactitude de cet outil en se servant de 16 échantillons de dissertations rédigées soit par des être humains, soit par l'IA, soit par les deux[40]. Seuls 6 des 16 échantillons ont été classifiés correctement[41].

Compte tenu des piètres performances de Turnitin en matière de détection de l'IA, les établissements d'enseignement supérieur se sont prononcés contre l'utilisation de logiciels de détection de l'IA parce que les compagnies qui les commercialisent

manquaient de clarté quant à la précision de leurs logiciels, à leurs préjugés, à leur transparence et à leurs procédures de signalement[42]. Un des défis principaux pour la détection de l'IA est l'absence pure et simple de document source. Ces systèmes peuvent donc uniquement recenser les passages qu'ils soupçonnent d'être générés par l'IA, sans disposer d'aucune source de comparaison concrète[43]. Comme ces outils ne sont pas très fiables et qu'il est impossible de vérifier l'exactitude de leurs résultats avec certitude, on déconseille aux revues de droit de s'y fier pour repérer si les auteurs se sont servis ou non de l'IA générative pour rédiger leurs soumissions.

4.1.2 Processus de révision

Les revues de droit peuvent en outre choisir de recourir aux outils d'IA pour accomplir une série de fonctions internes afin d'accroître l'efficacité du processus de révision, y compris la révision du texte et des notes de bas de page des soumissions.

4.1.2.1 Révision des notes de bas de page

Chaque revue de droit a ses propres exigences en matière de formatage des notes de bas de page. La RDO, par exemple, exige actuellement qu'elles soient rédigées conformément à la 10e édition du *Manuel canadien de la référence juridique*

(aussi appelé « *Guide McGill* »), de même qu'au *Guide de rédaction* de la RDO[44]. Les rédacteurs peuvent se servir d'outils informatiques, comme le Legal Citations Assistant ou Zotero, pour vérifier si une note de bas de page respecte les exigences de la revue de droit. Toutefois, ces deux outils n'ont pas encore été mis à jour pour correspondre à la 10e édition du *Guide McGill*; une vérification humaine est donc encore nécessaire pour assurer l'exactitude des références.

4.1.2.2 Révision du texte des articles pour leur syntaxe et grammaire

Une approche pour intégrer les outils d'IA dans le processus de révision consisterait à s'en servir pour vérifier si une phrase est rédigée à la voix active. Par exemple, les rédacteurs pourraient se servir d'outils d'IA, comme ChatGPT, Grammarly ou Antidote, pour vérifier si des phrases prises isolément sont rédigées à la voix active ou contiennent des erreurs grammaticales ou syntaxiques. Les préoccupations liées à la confidentialité et à la propriété intellectuelle, dont nous avons parlé antérieurement, pourraient déterminer à quel point il est opportun de recourir à de tels outils d'IA. De plus, tout en se fiant aux outils d'IA, les rédacteurs devraient se montrer vigilants et respectueux des choix stylistiques de l'auteur.

4.1.3 Processus de publication

De nombreux outils d'IA générative offrent par ailleurs des fonctions de traduction également susceptibles d'aider les revues de droit. À titre de revue bilingue, la RDO met un point d'honneur à diffuser la recherche juridique en français et en anglais. Elle atteint cet objectif notamment en publiant le résumé de chaque article dans ces deux langues.

À l'heure actuelle, la RDO fait appel à des travailleurs indépendants et travailleuses indépendantes pour préparer la traduction des résumés, qui doit ensuite être approuvée par les rédacteurs en chef. Or, le même résultat pourrait être atteint en recourant à des outils d'IA. Les résultats nécessiteraient toujours une supervision et une vérification humaines, mais cette approche pourrait améliorer l'efficacité de la RDO en termes de temps et de coûts. Le recours à des outils de traduction par l'IA serait possible, et comme les résumés des articles publiés dans la RDO ont moins de 250 mots, il serait relativement facile de corriger les éventuelles erreurs de traduction. Cependant, pour la traduction de textes plus longs, il serait souhaitable de continuer à faire appel aux parties tierces avec lesquelles la RDO fait affaire, sinon les rédacteurs en chef consacreraient sans doute trop de temps à réviser les ébauches de traductions produites par l'IA.

4.2 Recours aux outils d'IA par les parties externes

Les parties externes, y compris les auteurs et les évaluateurs, disposeraient de divers modes de recours aux outils d'IA afin d'améliorer la qualité et l'efficacité de leur travail. Les auteurs pourraient s'en servir pour les assister dans la recherche, la rédaction et l'analyse afin d'accroître l'efficacité et l'exhaustivité de leur travail. De même, les évaluateurs externes pourraient faire appel aux outils d'IA pour les aider à évaluer une soumission.

4.2.1 Revue de littérature, rédaction et analyse

L'IA générative pourrait tout d'abord améliorer la recherche d'information pour les auteurs dans les premières étapes de la recherche juridique. En effet, les outils d'IA générative ont le potentiel d'aider ces derniers «à assimiler et à analyser un volume important de documents», et même «à transcrire, à traduire et à extraire des citations d'entrevues» [notre traduction][45]. Cela dit, un des défis principaux est la mesure dans laquelle ces outils peuvent s'acquitter de ces tâches avec exactitude.

Jurisage est un exemple d'outil d'analyse de jurisprudence fondé sur l'IA conçu pour le domaine de la recherche juridique. Cet outil est une extension de navigateur gratuite qui analyse une page Web à la recherche de références à des causes; lorsqu'il en trouve une, il fournit un résumé de l'affaire, des suggestions de sujets juridiques, ainsi qu'un résumé des faits, des questions en litige, des principes juridiques ou des règles de droit, du raisonnement et des conclusions du tribunal, le tout généré par l'IA. Les utilisateurs peuvent aussi bénéficier d'une fonction de l'extension pour analyser davantage de renseignements et de points de vue. Grâce à cette

fonction, ils sont dirigés vers le site Web de Jurisage pour consulter des données supplémentaires telles que les références à la cause au fil des ans et les causes similaires classées selon leur contenu ou selon les jugements qui y ont adhéré. Cet outil analyse le texte de la page Web et travaille donc à partir des sites de recherche juridique préférés de l'utilisateur, notamment CanLII, Westlaw et LexisNexis.

Plusieurs bases de données juridiques ont également commencé à déployer leur propre logiciel d'IA générative pour aider les spécialistes du droit à effectuer des recherches. Ces bases de données intègrent des éléments des modèles probabilistes et déterministes de l'IA. Par exemple, LexisNexis a récemment mis au point Lexis+ AI, un robot conversationnel d'IA générative capable d'effectuer des recherches dans la base de données Lexis+ et d'affiner les réponses dans un format conversationnel. Il peut aussi rédiger des documents juridiques, des analyses et des communications destinés à la clientèle, résumer de la jurisprudence à partir de la base de données Lexis+ et analyser des documents et des arguments juridiques.

De même, Thomson Reuters a déployé plusieurs nouveaux outils d'IA pour aider les spécialistes du droit à effectuer des recherches et d'autres tâches. Westlaw Precision et CoCounsel, par exemple, sont des outils d'IA générative qui permettent aux utilisateurs de poser des questions et d'obtenir des réponses sur la jurisprudence et d'autres documents dérivés du contenu juridique de Westlaw. Un autre outil d'IA de Thomson Reuters, Ask Practical Law AI, est un robot conversationnel d'IA générative doté de diverses capacités, notamment celles de fournir des réponses aux utilisateurs sur divers sujets juridiques et d'aider à la rédaction et à la révision de documents[46]. Thomson Reuters collabore également avec Microsoft sur leur Copilot, un robot conversationnel génératif basé sur le ChatGPT d'OpenAI intégré dans la série d'applications Microsoft. Copilot sera bientôt en mesure de générer des résultats en utilisant la base de données et le contenu de Westlaw[47].

CanLII est également en train de développer avec Lexum AI un outil d'IA générative pour sa plateforme, qui résumera la jurisprudence et la législation[48]. Cet outil a fait l'objet d'un projet pilote en Saskatchewan, qui sera étendu au Manitoba et à l'Île-du-Prince-Édouard en 2024.

Il importe de noter que l'IA générative est nouvelle et en constante évolution. Comme il a été indiqué préalablement dans le présent rapport, l'hallucination de matériel source, y compris de jurisprudence, est un problème courant de l'IA générative. Comme les outils d'IA susmentionnés génèrent leurs résultats à partir de leur base de données juridiques respective, les hallucinations sont moins

susceptibles de se produire lorsqu'ils sont utilisés pour la recherche juridique. Toutefois, il reste à voir dans quelle mesure l'IA générative sera fiable pour la recherche juridique. Si ces outils s'avèrent fiables, l'intégration de l'IA générative dans la recherche, l'analyse et la rédaction juridiques pourrait accroître considérablement l'efficacité des chercheurs en droit et la qualité de leurs soumissions.

4.2.2 Outils d'aide à la rédaction juridique par l'IA

Certains outils d'IA, bien qu'ils n'entrent pas dans la catégorie des outils d'IA générative, peuvent aussi contribuer au travail des auteurs et des évaluateurs externes tout au long des processus de rédaction et de révision. Les programmes tels Zotero, Slick Write, PaperRater, Grammarly ou Antidote peuvent servir à réviser les soumissions afin d'y déceler les erreurs d'orthographe ou de grammaire, ainsi que des cas de plagiat. Ces programmes peuvent également recommander des modifications aux auteurs pendant la rédaction de leurs soumissions et proposer des corrections aux rédacteurs lors de la révision de ces dernières. De plus, un logiciel comme Legal Citations Assistant ou Zotero peut suggérer le formatage des références en fonction des sources citées par les auteurs.

RECOMMANDATIONS

Tout en reconnaissant le potentiel transformateur de l'IA, la RDO doit s'efforcer de l'intégrer stratégiquement à ses processus internes tout en maintenant son engagement à protéger la confidentialité des soumissions, la propriété intellectuelle et la rigueur scientifique. Si l'IA générative était utilisée dans le contexte des possibilités identifiées, elle aiderait la RDO à accroître son efficacité tout en préservant la confidentialité du travail des auteurs. Toutes ces possibilités d'intégrer le recours à l'IA impliqueraient tout de même que l'équipe de rédacteurs de la RDO poursuive son travail de supervision.

5.1 Recours aux outils d'IA à l'interne

5.1.1 Processus de révision

Même si l'IA pouvait jouer un rôle dans l'évaluation et la révision des soumissions à l'avenir, il est recommandé que la RDO n'utilise pas les outils de recherche juridique comme ScholarSift pour le moment. De même, la RDO ne devrait recourir à aucun outil de détection de l'IA pour déterminer si un auteur a pu inclure du contenu généré par l'IA étant donné les lacunes inhérentes à ces outils. En revanche, il est recommandé que la RDO continue de rester à l'affût de l'évolution des outils d'IA pertinents pour les revues de droit canadiennes et qu'elle adapte ses processus internes au besoin.

5.1.2 Modernisation du processus de révision

La RDO devrait continuer de permettre à ses rédacteurs d'utiliser des générateurs de références automatisés. Cela dit, il n'existe pas à l'heure actuelle de générateur de références fiable adapté à la 10e édition du *Guide McGill*. Les rédacteurs devraient donc être très prudents lorsqu'ils recourent à de tels générateurs et revoir manuellement tous les résultats pour garantir l'exactitude des références.

De plus, il est recommandé que la RDO élabore une politique sur le recours aux outils d'aide à la révision par l'IA dans des circonstances limitées[49]. Par exemple, lorsqu'une phrase doit être corrigée, les rédacteurs devraient être autorisés à utiliser un outil d'aide à la révision par l'IA pour en évaluer la structure, la grammaire ou la syntaxe de manière fragmentaire. Cette pratique devrait toutefois être l'exception plutôt que la norme et il faudrait y recourir avec prudence. Il est primordial que les considérations liées à la confidentialité et à la propriété intellectuelle guident l'étendue de l'utilisation de tels outils et que les rédacteurs respectent les préférences stylistiques d'un auteur.

Si l'IA générative était utilisée dans le contexte des possibilités identifiées, elle aiderait la RDO à accroître son efficacité tout en préservant la confidentialité du travail des auteurs.

———————————— —— ————————————

Dans les deux cas, soit lorsqu'ils utilisent des générateurs automatisés de références et des outils d'aide à la révision, les rédacteurs doivent rester les seuls responsables de l'exactitude des références et des modifications apportées au texte.

Pour garantir que les rédacteurs de la RDO utilisent les outils de manière appropriée, il est en outre recommandé qu'un volet relatif à l'IA soit ajouté à la formation obligatoire qu'ils suivent au début de chaque session universitaire. De plus, pour accroître l'efficacité du processus de révision de la RDO, celle-ci devrait envisager l'utilisation de Scholastica ou d'autres outils de gestion de projet pour ses cycles de publication à venir.

5.1.3 Services de traduction

À titre de revue bilingue, la RDO publie les résumés de chaque article en français et en anglais. À l'heure actuelle, la traduction de ces résumés est sous-traitée. Il est recommandé que la RDO explore quels outils d'IA générative traduisent le mieux les textes courts, sachant que les traductions devraient être révisées par un rédacteur d'expérience bilingue pour en assurer l'exactitude. La mise en œuvre de cette recommandation devrait améliorer l'efficacité de la RDO, en ce qui concerne à la fois le temps et les coûts nécessaires à la traduction.

5.1.4 Suivi de l'évolution du droit

La RDO devrait continuer à suivre les enquêtes du CPVP et l'évolution de la réglementation gouvernementale en matière de protection de la vie privée en lien avec l'IA générative. De plus, jusqu'à ce que l'état du droit d'auteur soit clarifié, la RDO devrait rester à l'affût des propositions de réformes du droit d'auteur relatives à l'IA. Il est fortement recommandé que toute évolution significative soit reflétée dans toutes les politiques de la RDO sur l'IA.

5.1.5 Élaboration d'un outil d'IA propre à la RDO

La RDO devrait envisager d'élaborer son propre outil générateur de références fondé sur l'IA qui respecte l'édition du *Guide McGill* la plus récente et le *Guide de rédaction* de la RDO. Un tel outil accroîtrait la compréhension qu'a la RDO de l'interaction entre l'IA et la recherche juridique, accroîtrait son efficacité et lui donnerait l'occasion de contribuer à la recherche juridique au Canada. Il est en outre recommandé que, dans le cadre de ce projet, le comité de rédaction de la RDO identifie tout partenaire potentiel ou toute partenaire potentielle souhaitant collaborer à l'élaboration d'un tel outil.

5.2 Recours aux outils d'IA à l'externe

5.2.1 Auteurs

Les auteurs peuvent utiliser divers outils d'IA pour la recherche, la rédaction et la correction de leurs articles. Il est toutefois recommandé que la RDO leur impose la responsabilité de vérifier l'exactitude du travail soumis, y compris les résultats obtenus à l'aide d'outils d'IA.

Il est recommandé que la RDO adopte une politique sur l'IA pour guider les auteurs qui souhaitent soumettre des articles pour publication dans la revue[50]. Compte tenu de l'importance de l'IA, une interdiction totale de son utilisation dans la préparation des soumissions semble irréaliste. Par ailleurs, étant donné la piètre performance des logiciels de détection de l'IA, il n'y aurait aucun moyen d'appliquer une telle interdiction. Cela dit, il est impératif de fixer des lignes directrices claires, comme l'interdiction de citer l'IA en qualité d'auteur et l'exigence d'une vérification humaine. La politique devrait aussi prévoir des exigences de divulgation rigoureuses et préciser que l'auteur demeure entièrement responsable d'assurer l'exactitude, l'intégrité et l'originalité de l'article. Finalement, cette politique devrait être guidée par le présent rapport et être incorporée dans la section du site Web de la RDO relative aux politiques de soumissions.

5.2.2 Évaluateurs externes

Le comité de rédaction de la RDO n'ayant pas adopté de politique formelle sur l'évaluation externe, il est recommandé qu'il en élabore une afin de garantir le caractère systématique et rigoureux de son processus d'évaluation[51]. Cette proposition de politique sur l'évaluation externe devrait interdire aux évaluateurs d'utiliser des outils d'IA pour évaluer et analyser les soumissions, une règle compatible avec les tendances des politiques identifiées dans le présent rapport.

6

CONCLUSION

6   Conclusion

L'IA promet de révolutionner la recherche juridique et d'améliorer le fonctionnement des revues de droit comme la RDO. De la recherche initiale d'un auteur et de la rédaction d'un article, à la révision, la correction et la publication finale de la soumission par la revue, l'IA offre des possibilités réelles sur les plans de l'efficacité et de l'innovation. Toutefois, compte tenu des préoccupations qu'elle suscite, il est nécessaire d'adopter une approche prudente de son intégration, tant au sein de la RDO que pour ses collaborateurs externes.

Le présent rapport met en lumière les possibilités et les défis que présente l'IA dans le domaine de la recherche juridique. En élaborant des politiques et des recommandations ciblées en la matière, le présent rapport aspire à préserver la réputation de la RDO à titre de périodique offrant des publications de haute qualité, fiables et impartiales dans le domaine juridique. Au fur et à mesure que le domaine de l'IA progresse, le comité de rédaction de la RDO doit rester à l'affût de l'évolution de l'IA en se servant du présent rapport comme guide pour affronter cette nouvelle révolution technologique, évoluer avec elle et s'y adapter.

ANNEXES

Annexe A :
Politique sur l'utilisation de l'IA générative dans le processus de soumission de la RDO

Le comité de rédaction de la RDO autorise l'utilisation de l'IA générative dans le processus de soumission. Cependant, tous les auteurs doivent assumer l'entière responsabilité de l'exactitude factuelle de leur soumission et des références aux sources qu'ils citent.

L'IA doit être utilisée sous la surveillance et le contrôle d'un être humain. Il est attendu que les auteurs examinent et corrigent soigneusement les résultats obtenus, car l'IA peut générer un contenu faisant apparemment autorité, tout en étant inexact, incomplet ou empreint de préjugés.

Aucune soumission ne peut citer l'IA en tant qu'auteur. La qualité d'auteur va de pair avec des responsabilités et des tâches qui ne peuvent être attribuées qu'à des être humains et assumées par eux.

Dans leur soumission, les auteurs doivent divulguer s'ils ont utilisé ou non l'IA générative pour produire leur travail. Le cas échéant, ils doivent en outre divulguer comment ils ont utilisé l'IA générative, y compris le modèle choisi, sa version et la date ou la fourchette des dates de son utilisation, ainsi que les mesures prises pour vérifier l'authenticité du résultat généré.

Cette exigence de divulgation s'applique uniquement au contenu qui a été créé ou généré par l'IA, habituellement sur la base de consignes ou d'informations fournies par les auteurs au système d'IA.

Enfin, le comité de rédaction reconnaît que ce domaine est en pleine évolution. Cette position sur l'IA générative peut changer en fonction de l'évolution de la législation sur le droit d'auteur et des normes de l'industrie relatives à l'utilisation éthique de l'IA générative.

Annexe B :
Politique interdisant l'utilisation de l'IA dans le processus d'évaluation par les pairs de la RDO

Afin de préserver l'authenticité, la confidentialité et l'intégrité des soumissions, le comité de rédaction de la RDO interdit l'utilisation de l'IA dans le processus d'évaluation par les pairs. Les évaluateurs externes ne sont pas autorisés à utiliser du contenu, des évaluations ou des analyses générés par l'IA dans leurs évaluations, ni à télécharger, ni à verser autrement de quelque manière que ce soit des soumissions à un système d'IA.

Annexe C :
Politique sur l'utilisation de l'IA dans le processus de révision de la RDO

Le comité de rédaction de la RDO autorise l'utilisation de l'IA dans le processus de révision. Cependant, tous les rédacteurs doivent assumer l'entière responsabilité de l'exactitude de leur travail.

L'IA doit être utilisée sous la surveillance et le contrôle d'un être humain. Les rédacteurs doivent examiner et corriger soigneusement les résultats obtenus, car l'IA peut générer un contenu faisant apparemment autorité, tout en étant incorrect, incomplet ou empreint de préjugés.

Les rédacteurs peuvent utiliser l'IA dans le cadre du processus de révision uniquement pour repérer et corriger des erreurs d'orthographe et de grammaire. Les rédacteurs ne sont pas autorisés à télécharger ou à verser autrement quelque portion que ce soit qu'une soumission dans un outil d'IA générative.

Enfin, le comité de rédaction reconnaît que ce domaine est en pleine évolution. Cette position sur l'IA peut changer en fonction de l'évolution de la législation sur le droit d'auteur et des normes de l'industrie relatives à l'utilisation éthique de l'IA.

8

RÉFÉRENCES

* Voir Yan Campagnolo et Camille Andrzejewski, « Les articles de revues de droit les plus cités de tous les temps par la Cour suprême du Canada » (2023) 54:1 RD Ottawa 1 à la p 54 ; Yan Campagnolo et Kyle Kirkup, « Étude de l'influence de la *Revue de droit d'Ottawa* auprès de la Cour suprême du Canada (de 1966 à 2017) » (2019) 50:3 RD Ottawa 55 à la p 77.

1 Len Polsky, « The Generative AI Playbook: How Lawyers Can Safely Take Advantage of the Opportunities Offered by Generative AI » (dernière consultation le 3 juillet 2024), en ligne : <lawsociety.ab.ca/resource-centre/key-resources/professional-conduct/the-generative-ai-playbook>.

2 *Ibid.*

3 *Ibid.*

4 Patrick Breen, « Generative AI and What It Means to You » (2 février 2023), en ligne : <lexisnexis.co.nz/en/insights-and-analysis/blogs/article/generative-ai-and-what-it-means-to-you>.

5 *Ibid.*

6 *Ibid.*

7 *Ibid.*

8 Voir Cour fédérale, « Avis aux parties et à la communauté juridique : l'utilisation de l'intelligence artificielle dans les procédures judiciaires » (20 décembre 2023), en ligne (pdf) : <fct-cf.gc.ca/Content/assets/pdf/base/2023-12-20-avis-utilisation-ia-procedures-judiciairess.pdf>.

9 *Ibid* à la p 3. Voir aussi Cour fédérale, « Principes et lignes directrices intérimaires de la Cour sur son utilisation de l'intelligence artificielle » (20 décembre 2023), en ligne : <fct-cf.gc.ca/fr/pages/droit-et-trousse-doutils/intelligence-artificielle>.

10 L'Université d'Ottawa énonce que le fait d'omettre « d'attribuer les sources de manière appropriée […] par exemple, le défaut d'identifier le contenu généré par tous les moyens technologiques, y compris l'intelligence artificielle » peut entraîner une inconduite académique ou la falsification de l'évaluation académique (voir Université d'Ottawa, « Règlement académique A-4 : intégrité académique et inconduite académique » (1 mai 2023), en ligne : <uottawa.ca/notre-universite/politiques-reglements/reglements-academiques/a-4-integrite-academique-inconduite-academique>). Les établissements d'éducation postsecondaire canadiens qui ont décidé de ne pas se fier à la fonction de détection de l'IA de Turnitin comprennent l'Université de la Colombie-Britannique, l'Université Western et l'Université Brock (voir University of British Columbia, « Winter 2023 Update: UBC Affirms Decision to Not Enable Turnitin's AI-Detection Feature » (28 août 2023), en ligne : <lthub.ubc.ca/2023/08/28/ubc-affirms-decision-to-not-enable-turnitin-ai-detection> ; University of Western Ontario, Centre for Teaching and Learning, « Academic Integrity », en ligne : <teaching.uwo.ca/teaching/assessing/academic-integrity.html> ; Mémorandum de Rajiv Jhangiani à David Hutchinson, « Turnitin Artificial Intelligence (AI) Tool » (27 avril 2023) Brock Univeristy, en ligne (pdf) : <brocku.ca/teaching-learning/wp-content/uploads/sites/30/ITI-May-5-2023.pdf>). D'autres établissements d'éducation postsecondaire ont généralement mis en garde leurs corps professoraux contre le recours aux détecteurs d'IA générative dans leurs cours (voir par ex

Nipissing University, Teaching and Learning Committee, « Generative AI Guide for Instructors » (26 juin 2023), en ligne (pdf) : <nipissingu.ca/sites/default/files/2023-07/Generative%20AI%20Guide%20for%20Instructors%20-%20July%207%2C%202023.pdf>).

11 Voir par ex Polsky, *supra* note 1 ; Law Society of British Columbia, « Practice Resource: Guidance on Professional Responsibility and Generative AI » (dernière consultation le 3 juillet 2024), en ligne (pdf) : <lawsociety.bc.ca/Website/media/Shared/docs/practice/resources/Professional-responsibility-and-AI.pdf> ; Law Society of Saskatchewan, « Guidelines for the Use of Generative Artificial Intelligence in the Practice of Law » (dernière modification en février 2024), en ligne (pdf) : <lawsociety.sk.ca/wp-content/uploads/Law-Society-of-Saskatchewan-Generative-Artificial-Intelligence-Guidelines.pdf>.

12 Voir University of Toronto Press, « Journals: Law, Criminology, and Political Science » (dernière consultation le 3 juillet 2024), en ligne : <utpjournals.press/subject/law-criminology-and-political-science>.

13 University of Toronto Press, « Guidelines on Artificial Intelligence (AI) Tools » (dernière consultation le 3 juillet 2024), en ligne : <utpjournals.press/resources/editorial-policies#_ai>.

14 *Ibid.*

15 Voir Cambridge University Press, « Authorship and Contributorship » (dernière consultation le 3 juillet 2024), en ligne : <cambridge.org/core/services/authors/publishing-ethics/research-publishing-ethics-guidelines-for-journals/authorship-and-contributorship>. Voir aussi Sage Publications, « ChatGPT and Generative AI » (dernière consultation le 3 juillet 2024), en ligne : <us.sagepub.com/en-us/nam/chatgpt-and-generative-ai>.

16 Voir la section 2.2, ci-dessous, pour de plus amples renseignements sur les normes du COPE. Voir aussi Oxford Academic, « Information for Authors » (dernière consultation le 3 juillet 2024), en ligne : <academic.oup.com/ejil/pages/General_Instructions> ; Lindsey Matthews et al, « Best Practice Guidelines on Research Integrity and Publishing Ethics » (dernière modification le 11 avril 2024), en ligne : <authorservices.wiley.com/ethics-guidelines>.

17 Le Canadian Medical Association Journal suit les lignes directrices prescrites par l'International Committee of Medical Journal Editors (voir Canadian Medical Association Journal, « Submission Guidelines » (dernière consultation le 3 juillet 2024), en ligne : <cmaj.ca/submission-guidelines>, citant International Committee of Medical Journal Editors, « Recommendations for the Conduct, Reporting, Editing, and Publication of Scholarly Work in Medical Journals » (dernière modification janvier 2024), en ligne (pdf) : <icmje.org/icmje-recommendations.pdf> ; Matthew B Stanbrook, Meredith Weinhold et Diane Kelsall, « A New Policy on the Use of Artificial Intelligence Tools for Manuscripts Submitted to CMAJ », note éditoriale (2023) 195:28 CMAJ E958). Voir aussi American Medical Association, « Instructions for Authors » (dernière consultation le 3 juillet 2024), en ligne : <jamanetwork.com/journals/jama/pages/instructions-for-authors> ; British Medical Journal Publishing Group, « AI Use » (dernière consultation le 3 juillet 2024), en ligne :

<bmj.com/content/ai-use>. Le British Medical Journal a aussi déclaré qu'il se réserve le droit d'utiliser des outils de filtrage pour détecter le recours à des technologies d'IA tout au long du processus de publication (*ibid*).

[18] Krzysztof Wach et al, « The Dark Side of Generative Artificial Intelligence: A Critical Analysis of Controversies and Risks of ChatGPT » (2023) 11:2 Entrepreneurial Bus & Econs Rev 7 à la p 8.

[19] Voir Breen, *supra* note 4.

[20] Wach et al, *supra* note 18 à la p 12.

[21] Marjin Janssen et George Kuk, « The Challenges and Limits of Big Data Algorithms in Technocratic Governance » (2016) 33:3 Government Information Q 371 à la p 371.

[22] *Ibid* à la p 372.

[23] Voir Kevin Schaul, Szu Yu Chen et Nitasha Tiku, « Inside the Secret List of Websites That Make AI Like ChatGPT Sound Smart », *The Washington Post* (19 avril 2023), en ligne : <washingtonpost.com/technology/interactive/2023/ai-chatbot-learning>.

[24] *Ibid*.

[25] Voir Cade Metz, « Chatbots May 'Hallucinate' More Often Than Many Realize », *The New York Times* (6 novembre 2023), en ligne : <nytimes.com/2023/11/06/technology/chatbots-hallucination-rates.html>.

[26] Voir *Mata v Avianca, Inc*, 678 F Supp (3d) 443 (NY Dist Ct 2023) ; Benjamin Weiser, « Here's What Happens When Your Lawyer Uses ChatGPT », *The New York Times* (27 mai 2023), en ligne : <nytimes.com/2023/05/27/nyregion/avianca-airline-lawsuit-chatgpt.html>.

[27] Voir *Zhang v Chen*, 2024 BCSC 285 au para 2.

[28] Matthew Dahl et al, « Large Legal Fictions: Profiling Legal Hallucinations in Large Language Models » (2024) 16:1 J Leg Analysis 64 à la p 66.

[29] *Ibid* à la p 87.

[30] Metz, *supra* note 25.

[31] Elsevier, « Publishing Ethics » (dernière consultation le 3 juillet 2024), en ligne : <elsevier.com/about/policies-and-standards/publishing-ethics>.

[32] Voir la section 4.2.1, ci-dessous, pour une discussion sur les outils d'IA générative.

[33] Voir Commissariat à la protection de la vie privée du Canada, « Principes pour des technologies de l'intelligence artificielle (IA) générative responsables, dignes de confiance et respectueuses de la vie privée » (7 décembre 2023), en ligne : <priv.gc.ca/fr/sujets-lies-a-la-protection-de-la-vie-privee/technologie/intelligence-artificielle/gd_principes_ia>.

[34] Voir Commissariat à la protection de la vie privée du Canada, déclaration, « Déclaration commune sur l'extraction de données et la protection des renseignements personnels » (24 août 2023), en ligne : <priv.gc.ca/fr/nouvelles-du-commissariat/allocutions/2023/js-dc_20230824> (déclaration émise par les membres du groupe de travail sur la coopération internationale en matière d'application de la loi de l'Assemblée mondiale de la protection de la vie privée).

[35] *Ibid*.

[36] Voir Commissariat à la protection de la vie privée du Canada, communiqué, « Le Commissariat enquêtera conjointement sur ChatGPT avec des autorités provinciales de protection de la vie privée » (25 mai 2023), en ligne : <priv.gc.ca/fr/nouvelles-du-commissariat/nouvelles-et-annonces/2023/an_230525-2>.

[37] LRC 1985, c C-42.

[38] Voir Gouvernement du Canada, communiqué, « Le gouvernement du Canada lance une consultation au sujet des incidences de l'intelligence artificielle générative sur le droit d'auteur » (12 octobre 2023), en ligne : <canada.ca/fr/innovation-sciences-developpement-economique/nouvelles/2023/10/le-gouvernement-du-canada-lance-une-consultation-au-sujet-des-incidences-de-lintelligence-artificielle-generative-sur-le-droit-dauteur.html>.

[39] Voir Turnitin, communiqué, « Turnitin Turns on AI Writing Detection Capabilities for Educators and Institutions (Southeast Asia) » (5 avril 2023), en ligne : <turnitin.com/press/turnitin-turns-on-ai-writing-detection-capabilities-for-educators-and-institutions-southeast-asia>.

[40] See Geoffrey A Fowler « We Tested a New ChatGPT-Detector for Teachers: It Flagged an Innocent Student », *The Washington Post* (3 avril 2023), en ligne : <washingtonpost.com/technology/2023/04/01/chatgpt-cheating-detection-turnitin>.

[41] *Ibid*.

[42] *Ibid*. Voir aussi University of Western Ontario, Centre for Teaching and Learning, *supra* note 10.

[43] Voir University of British Columbia, *supra* note 10.

[44] Voir Revue de droit McGill, *Manuel canadien de la référence juridique*, 10e éd, Toronto, Thomson Reuters, 2023. Le *Guide de rédaction* de la RDO présente les règles de mise en forme, de rédaction et de grammaire que la RDO a adoptées pour garantir que toutes les publications sont révisées de manière uniforme : voir Revue de droit d'Ottawa, *Guide de rédaction*, Faculté de droit, Section de common law, Université d'Ottawa, 2024.

[45] Robert M Davidson et al, « Pickled Eggs: Generative AI as Research Assistant or Co-Author » (2023) 33:5 Information Systems J 989 à la p 989.

[46] Voir Thomson Reuters, « Practical Law – Legal Resources » (dernière consultation le 3 juillet 2024), en ligne : <legal.thomsonreuters.com/en/products/practical-law>.

[47] Voir par ex Thomson Reuters, « Thomson Reuters Showcases CoCounsel with Microsoft Copilot During 2024 Microsoft Build » (21 mai 2024), en ligne : <legal.thomsonreuters.com/blog/thomson-reuters-microsoft-ai-integration-2024>.

[48] Voir Julie Sobowale, « Lexum Pilot Project Using AI to Summarize Cases Expands to Alberta, Manitoba and PEI: AI Used in CanLII to Automatically Classify and Summarize Cases », *Canadian Lawyer Magazine* (19 décembre 2023), en ligne : <canadianlawyermag.com/resources/legal-technology/lexum-pilot-project-using-ai-to-summarize-cases-expands-to-alberta-manitoba-and-pei/382398>.

[49] Pour une proposition de cette politique, voir la section 7, annexe C, ci-dessous.

[50] Pour une proposition de cette politique, voir la section 7, annexe A, ci-dessous.

[51] Pour une proposition de cette politique, voir la section 7, annexe B, ci-dessous.

9

REMERCIEMENTS

Remerciements

Le présent rapport a été préparé avec l'aide d'une subvention du Conseil de recherches en sciences humaines du Canada. Il est le résultat d'un effort collectif mené par les membres du Groupe de travail et de recherche sur l'IA de la RDO tout au long de l'année universitaire 2023-2024. L'équipe de personnes dévouées qui ont joué un rôle essentiel dans cette entreprise est la suivante :

Directeur
Professeur Yan Campagnolo

Auteurs et autrices
Leonie van Haeren, Shaarini Ravitharan, Emma Murray et Ephraim Barrera

Assistants et assistantes de recherche
Charles-Antoine Godin, Jacob Graff, Amber LeBlanc, Bertina Lou, Simran Mann, Vanessa Matta, Stéphanie Moreau et Alexandra Son

Conseillers et conseillères en IA
Professeurs Wolfgang Alschner et Florian Martin-Bariteau, et professeures Céline Castets-Renard, Marina Pavlovic, Amy Salyzyn et Teresa Scassa

Réviseurs et réviseuses linguistiques
Desmond Fisher, Marie Rodrigue et Valérie Leclercq

5 Recommandations 31

  5.1 Recours aux outils d'IA à l'interne 33

    5.1.1 Processus de révision..33

    5.1.2 Modernisation du processus de révision 33

    5.1.3 Services de traduction 34

    5.1.4 Suivi de l'évolution du droit 35

    5.1.5 Élaboration d'un outil d'IA propre à la RDO...............35

  5.2 Recours aux outils d'IA à l'externe 36

    5.2.1 Auteurs..36

    5.2.2 Évaluateurs externes 36

6 Conclusion 37

7 Annexes 41

  Annexe A : Politique sur l'utilisation de l'IA générative dans le processus
de soumission de la RDO 43

  Annexe B : Politique interdisant l'utilisation de l'IA dans le processus
d'évaluation par les pairs de la RDO 44

  Annexe C : Politique sur l'utilisation de l'IA dans le processus de révision
de la RDO 44

8 Références 45

9 Remerciements 49

Table des matières

1 Introduction 1

  1.1 IA et IA générative 3

  1.2 Rôle croissant de l'IA dans le domaine de la recherche juridique 4

  1.3 Importance de comprendre l'incidence de l'IA sur les revues de droit...6

  1.4 Objectifs du rapport 6

2 Comment les revues répondent-elles à l'IA 7

  2.1 Revues de droit...9

  2.2 Revues non juridiques 10

3 Défis 13

  3.1 Considérations liées à l'exactitude et à la qualité 15

      3.1.1 Préjugés et discrimination que recèlent les algorithmes des outils d'IA 15

      3.1.2 Hallucinations de faits et de sources........................16

      3.1.3 Transparence..18

  3.2 Questions juridiques...18

      3.2.1 Préoccupations en matière de confidentialité 18

      3.2.2 Incidences sur la propriété intellectuelle 19

4 Possibilités en lien avec l'IA 21

  4.1 Recours aux outils d'IA par les revues de droit dans leurs processus internes...24

      4.1.1 Processus d'évaluation...24

          4.1.1.1 Sélection des soumissions 24

          4.1.1.2 Déceler le recours à l'IA.............................25

      4.1.2 Processus de révision...26

          4.1.2.1 Révision des notes de bas de page 26

          4.1.2.2 Révision du texte des articles pour leur syntaxe et grammaire...27

      4.1.3 Processus de publication...27

  4.2 Recours aux outils d'IA par les parties externes 28

      4.2.1 Revue de littérature, rédaction et analyse..................28

      4.2.2 Outils d'aide à la rédaction juridique par l'IA..............30

Résumé

Dans le présent rapport, on discute des possibilités et des défis que présente le recours à l'intelligence artificielle [ci-après « IA »], ainsi que de son incidence sur les revues de droit, notamment la Revue de droit d'Ottawa [ci-après « RDO »]. Tout au long du cycle de publication d'un article donné, les outils d'IA peuvent jouer un rôle clé pour améliorer les processus de révision et de publication. Les auteurs et autrices [ci-après « auteurs »] qui soumettent des articles à des revues de droit peuvent aussi tirer parti d'outils d'IA à des fins allant de l'amélioration de la lisibilité de leurs textes à la génération de contenu. Bien que les avantages potentiels soient considérables, le recours à de tels outils soulève diverses questions quant à l'exactitude et à la qualité des publications, de même que des questions éthiques et juridiques plus larges. Les revues — tant juridiques que non juridiques — ont réagi à ces possibilités et défis à des rythmes différents et de façons diverses. Certaines d'entre elles, spécialisées dans des disciplines autres que le droit, ont élaboré des politiques détaillées quant au recours à l'IA, tandis que la plupart des revues de droit — notamment au Canada — semblent accuser un retard à cet égard.

Le présent rapport formule plusieurs recommandations qui permettront à la RDO d'exploiter le potentiel transformateur de l'IA de manière responsable, tout en maintenant son engagement à protéger la confidentialité des soumissions ainsi que la propriété intellectuelle et la rigueur scientifique. Pour assurer l'atteinte de ces objectifs, il est capital que trois politiques relatives à l'IA soient adoptées : une politique sur le recours à l'IA générative et aux technologies assistées par l'IA dans les soumissions, une autre sur l'utilisation de l'IA dans le cadre du processus d'évaluation par les pairs et une dernière en lien avec l'équipe de rédaction.

En définitive, le présent rapport vise à aider la RDO à maintenir sa réputation à titre de contributrice fiable à l'avancement de la recherche juridique en orientant son approche dans le contexte de cette nouvelle révolution technologique.

À PROPOS DE LA REVUE DE DROIT D'OTTAWA

La Revue de droit d'Ottawa [ci-après « RDO »] est une revue savante bilingue évaluée par des pairs et publiée par les étudiants et étudiantes de la Section de common law de la Faculté de droit de l'Université d'Ottawa. Des étudiants-rédacteurs et étudiantes-rédactrices gèrent tous les aspects rédactionnels et opérationnels de la revue sous la supervision de professeurs-conseils et professeures-conseils.

Depuis sa fondation en 1966, la RDO s'engage à répondre aux plus hauts standards de qualité et d'excellence. Elle vise à fournir un support innovateur pour l'avancement de la recherche juridique, une source de recherche de premier ordre pour la profession juridique ainsi qu'un forum permettant aux étudiants et étudiantes en droit de développer leurs compétences juridiques.

Le comité de rédaction de la RDO promeut une diversité d'opinions sur les questions juridiques actuelles et pertinentes en sollicitant des articles de juristes, d'avocats et avocates et d'universitaires. Il publie également des entretiens avec des membres réputés de la profession juridique, des commentaires d'arrêts et des recensions. Grâce à l'excellente réputation de la RDO, nombre de tribunaux canadiens, y compris la Cour suprême du Canada, ont cité ses articles à plusieurs reprises.*

Les **Presses** de l'Université d'Ottawa
University of Ottawa **Press**

Les Presses de l'Université d'Ottawa / University of Ottawa Press (PUO-UOP) sont la principale presse universitaire bilingue d'Amérique du Nord et sont affiliées à l'une des meilleures universités de recherche du Canada. Les PUO-UOP enrichissent le discours intellectuel et culturel de notre société de plus en plus axée sur le savoir et sur la mondialisation grâce à des ouvrages évalués par les pairs et primés.

www.Presses.uOttawa.ca

Catalogage avant publication de Bibliothèque et Archives Canada

Titre: Incidence de l'intelligence artificielle sur les revues de droit : défis et possibilités pour la Revue de droit d'Ottawa / sous la direction de Yan Campagnolo = Artificial intelligence's impact on legal journals : challenges and opportunities for the Ottawa Law Review / edited by Yan Campagnolo.

Autres titres: Artificial intelligence's impact on legal journals | Conteneur de (œuvre) : Incidence de l'intelligence artificielle sur les revues de droit. | Conteneur de (expression) : Incidence de l'intelligence artificielle sur les revues de droit. Anglais.

Noms: Campagnolo, Yan, éditeur intellectuel.

Description: Mention de collection: Droit, technologie et médias | Comprend des références bibliographiques. | Texte en français et en anglais.

Identifiants: Canadiana (livre imprimé) 2025012839XF | Canadiana (livre numérique) 20250128594F | ISBN 9780776645247 (couverture souple) | ISBN 9780776645285 (PDF)

Vedettes-matière: RVM: Périodiques savants—Édition—Innovations. | RVM: Intelligence artificielle—Applications dans la recherche. | RVM: Intelligence artificielle. | RVM: Droit—Périodiques. | RVM: Revues de droit—Canada. | RVM: Édition savante.

Classification: LCC Z286.S37 C36 2025 | CDD 070.5/94028563—dc23

Dépôt légal : Premier trimestre 2025
Bibliothèque et Archives Canada

Équipe de la production

Révision linguistique   Revue de droit d'Ottawa
Correction d'épreuves   Desmond Fisher, Marie Rodrigue et Valérie Leclercq
Mise en page et couverture   Benoit Deneault

Image de la couverture :   Peinture généré avec l'aide de l'IA, Benoit Deneault

---

uOttawa

Les Presses de l'Université d'Ottawa sont reconnaissantes du soutien qu'apportent, à leur programme d'édition, le gouvernement du Canada, le Conseil des arts du Canada, le Conseil des arts de l'Ontario, Ontario créatif, la Fédération canadienne des sciences humaines, par l'entremise de la Subvention du livre savant (PAES), le Conseil de recherches en sciences humaines, et surtout, l'Université d'Ottawa.

Incidence de l'intelligence artificielle sur les revues de droit

Défis et possibilités pour la Revue de droit d'Ottawa

Sous la direction de Yan Campagnolo

Auteurs et autrices

Leonie van Haeren, Shaarini Ravitharan, Emma Murray et Ephraim Barrera

Revue de droit d'Ottawa
Les Presses de l'Université d'Ottawa

2025

Incidence de l'intelligence artificielle sur les revues de droit

www.ingramcontent.com/pod-product-compliance
Lightning Source LLC
Chambersburg PA
CBHW042024080326

R17960600001B/R179606PG40689CBX00020B/1

* 9 7 8 0 7 7 6 6 4 5 2 4 7 *